會／教育／民俗／經濟／政治／法律／歷史／地理／文化／遊記／傳記／考古／語文／文學／新聞／美學／書畫／娛樂

國學／群經／哲學／邏輯／心理／倫理／宗教／神話／數學／天文／物理／化學／地質／動物／植物／家政／農

宋代人物與風氣

禚夢庵 著

臺灣商務印書館 發行

序

昔年執教各方，每感歷史一科不易教授，蓋因吾國史事浩繁，教科書因篇幅限制，只能略敍梗概，於是血肉多失，僅存骨架。以如此教材，教血氣方剛之青年，自難使其感到興趣。且吾國歷史有一長處，即重視人物之記述。二十五史中，傳記佔大部分。且這些傳記，亦均寫得精簡扼要，只記其人一生之大節與重要部分，而對古人言行亦多畫龍點睛之敍述；如能細讀，自會展卷如見古人，覺得上下古今息息相關，如《正氣歌》中所謂「風簷展書讀，古道照顏色」者是也。

然吾國史冊文章簡奧，體例紛繁，非好學篤志之士不能徧讀。而學校教科書又簡略如上述，即有名師任教，然每週二三小時，只趕述課本已感不足，更無暇多引述發揮以資啟發。且古人云：「不讀群經不足以通一經。」竊意不讀眾史不足以通一史。處此草草時代，焉敢以此期望於一般人？史滅國危，瞻望來日，實不禁慄慄危懼。因思補救之道，端賴課外書籍，而撰述史話式的文章，將古時的人物與史事足以動人警世者，扼要介紹，且述且評，並略寓春秋褒貶之義。使讀者展卷如讀故事，如聽演講，於不知不覺之中，得親炙古人言行，或可略使沈浸於現代物質生活與考試競爭中之青年，對吾國歷史有所領悟歟？

竊意歷史對民族文化關係甚大，而人物尤為歷史的血肉。忽略人物而談歷史，雖為時下治史的風尚，然人類歷史，總離不開人的作用。多談人物，正足補近世治史者之缺陷。故曾作《三國人物論集》，冀以人物之褒貶，對復興文化與世道人心有所貢獻。宋代重文，古稱為賢人君子最多之時代，故亦仿前書而成此編，名曰《宋代人物與風氣》，以見人物與風氣對一代興衰關係之重大。一得之愚，舛錯必多，尚希大雅君子多予指正為幸。

民國五十九年五月郯城禚夢庵恩祀自序

例言

一、本書之作，初意在同情宋太祖之寬仁與偉大，如其提倡文教，立不殺大臣之制，對一般刑法之寬大仁慈，對文武官吏之整飭，其用心與開創規模，實不亞於周之文武。故元代史家郝經即以周代與宋代相比，稱「漢、唐、宋」為後三代，以與上古之「夏、商、周」相提並論，可謂為特識卓見。惜太宗以弟繼位，為傳位問題，殘及骨肉，而對舊日將帥亦多存疑忌，風氣為之一變。又時當北方民族強盛之際，兩次伐遼，均未成功，遂形成宋世積弱之局。後世議論，遂有謂宋代無所建樹，遠遜漢唐者，心竊憾之！此集之前六篇，即論述宋朝初年風氣轉變的趨勢及與遼人和戰的利害，以見其中演變得失自有消息，與宋太祖之創制固無關也。

二、宋世之盛衰，有兩大癥結，一為神宗用王安石變法，一為高宗用秦檜主和。前者使宋世於未應衰敗之時，自亂步驟，種下衰敗之因；後者使宋代有復興之機，而又自行摧毀。

故本書對有關此二事者費筆墨頗多，蓋因二者為古今史家爭誦之問題，至今議論未定，尤以關於王安石變法一事為然。本集有關變法一事之立論，寧從側面論述，探討本源，力避堆積史實，人云亦云之弊。

三、清代王夫之的《宋論》，亦以人物之論衡為評史的中心，且多精義。惜王氏此書文章簡奧，披閱非易。本書採其精神體例，而以近代觀點與普通文字寫成，或可為王氏《宋論》作一輔翼。

四、前人稱宋代多賢人君子，然除宋太祖本人外，尤以寇準、岳飛、文天祥為最突出。這三人正可代表宋代之初、中、晚三個時代。其餘賢人則以仁宗、英宗朝為最多，如范仲淹、文彥博、韓琦、司馬光、包拯、三蘇、二程等人均足為整個中華民族爭光。其餘如高宗時之張浚（非張俊，張俊為武人）、趙鼎、胡銓等及末年陸秀夫、張世傑二烈士，其行誼亦均足照耀千秋。然道高魔高，宋世重文，文人中之奸小亦多，秦檜其尤者也。

五、本書所用參考書，以宋李燾之《續資治通鑑長編》，及宋李心傳之《建炎以來繫年要錄》為本，蓋二書作於宋代，取材可靠，且論述之態度亦較公平也。《宋史》成於元代，取材多據「長編」與「實錄」，因成書之期僅一年，不無倉卒錯亂之譏，然因其為正史，故仍以之為重要依據。

六、《宋史紀事本末》一書，為紀事本末體之著作最佳者，內中所引明代張溥與陳邦瞻的評論尤為精闢，故本書引用頗多。

七、宋人「筆記」與「詩話」等著作甚多。如司馬光之《涑水紀聞》，周草窗的《癸辛雜識》，陸游之《老學菴筆記》……及歐陽修之《六一詩話》，嚴羽之《滄浪詩話》，葉少蘊之《石林詩話》……等書均不乏有關史事的紀述，亦間或採用，以資參考。

八、宋代為理學昌明之世，此亦係太祖提倡文教的結果，對當時政事人心，影響亦大。如宋室南渡之後，朝廷雖顛沛流離，然天下仍一致歸心；及其末年力抗元兵，忠臣義士，前仆後繼，戰至最後一兵一卒。文天祥且寧死不屈，賦正氣歌以見志。凡此，均與新儒學發達，講明義理，不無關係。然此屬於哲學史範圍，故本集從略。

民國五十九年五月三日作者識

目次

宋太祖的仁風與善政

積弱千年論楚堯，誰憐一世創規遥。
尊賢禮士同三代，杯酒釋兵定六朝。
時相經綸膺重責，虛君政治見新潮。
曠懷志在安天下，不復燕雲恨未消。
——夢庵

易道循環，剝極而復，否極泰來，宋之與唐末五代，真可作如是觀。唐自「安史之亂」以後，藩鎮割據，末年宦官專權，弑君亂政，最後大盜朱溫竟能滅唐稱帝，沙陀族李克用也曾一度入主中夏，建立了後唐。後晉石敬瑭向契丹稱臣，被封為兒皇帝，割燕雲十六州與契丹。大好中原，竟淪為寇盜、異族、漢奸、武夫的逐鹿場所，鬧得生民塗炭，政教淪夷，文化衰敗。而江南半壁，則群雄割據，建立了十國，天下分崩離析，似已不可收拾。宋太祖趙匡胤於此時應運而出。他以寬仁之量，公忠之心，大政治家風度，創立許多大經大法，收拾數十年殘局，開創一個文風昌盛的時代。宋代雖對外武功不如漢唐，但文教卻在漢唐之上。元史家郝經即謂宋代似周，稱漢唐宋為「後三代」。宋代有此政教規模，皆太祖開創之績也。他於陳橋兵變，被部下擁戴，代周稱帝以後，華山隱士陳摶即曰「天下從此定矣！」可見有識之士，早已看出他是治國安邦之才。他為了防止亂源，統一全國，曾定立了以下各項制度：

㈠收宿將兵權　宋史載，建隆二年，帝與趙普從容論天下事，因喟然歎息曰：「自唐末以來，數十年間，八姓十二君僭竊相踵，兵革不息，生民塗炭。吾欲息天下之兵，建長久之計，其道如何？」普乃言須削諸將兵權。帝曰：「卿勿復言，吾已喻矣。」於是宋太祖乃想出杯酒釋兵權的方法。一日晚朝與石守信等共飲，於飲食談笑間，坦然勸喻諸將解去兵權，安享富貴，以終天年。並說：「朕將與卿等約為婚姻，君臣之間，兩無猜疑，上下相安，不以善乎？」守信等皆謝曰：「陛下念臣及此，所謂生死骨肉也。」上下開誠相見，和平解決，如此作法為歷代開國帝王所不及。

此事後世均謂係趙普之謀。然綜觀宋史前後紀傳，知趙普只是事務人才，且因身為老吏，故善於逢迎主意，揣度進計。故帝聞其提及削兵權之事，亟曰：「卿勿復言，吾已喻矣！」這是因怕趙普想出的辦法不妥當，所以不讓他再說下去，而由自己想出杯酒釋兵權的和平方法，太祖知人善任如此。

㈡以文臣知州事　五代時各地方長官多由藩鎮兼領，或在其控制之下，朝廷政令不行，至是漸以文臣代之。建隆四年，又詔在各州設通判官，凡軍民之事，皆統治之，得專達朝廷，以分方鎮之權。帝嘗謂趙普曰：「五代方鎮殘虐，民受其禍，朕今用儒臣幹事者百餘人，分治大藩，縱皆貪濁，亦未及武臣十一也。」

㈢行更戍法　選諸道精兵入補禁衛，並分遣禁旅戍守邊城，使往來道路，以習勤苦，均勞佚。自是將不得專其兵，而士卒不致驕墮。這是使軍隊國家化，不為私人利用。

㈣收財權　各路置轉運使，專掌財賦，各州度支經費，金帛悉送汴都，無得占留。

㈤整頓刑法　建隆中帝謂宰臣曰：「五代諸侯跋扈，有枉法殺人者，朝廷置而不問，人命至重，姑息藩鎮當如是也！自今諸大辟，錄案奏聞，付刑部詳覆。」嘗讀《尚書．堯典》與《舜典》，嘆曰：「堯舜之罪四凶止從投竄，何近世法網之密也！」故定為折杖法，以減輕罪刑。史稱自開寶以來，大辟（斬刑）非情理深重者，多得貸死。惟對貪贜的官吏，則不與原宥。後於各路設提刑官，以朝臣專任之。

㈥定不殺大臣及諫官之制　使朝中大臣能盡忠職守，敢於進言，即有得罪，亦只貶謫到遠方，不加誅戮，此所以提高士氣，尊重大臣。這是宋太祖最偉大的法度，立為誓約，藏之太廟，歷世守之甚嚴。因此宋朝士大夫獲得相當的言論自由，養成以天下為己任的觀念。如范仲淹說「先天下之憂而憂；後天下之樂而樂。」張載所說「為往世繼絕學，為萬世開太平」，這兩句話正是宋初開創規模的反映。想五代實為一學絕道喪的時代，宋興收拾殘局，提倡文教，故張載有此感想。又王禹偁《待漏院記》云：「君逸於上，臣勞於下，法乎天也」。又曰：「一國之政，萬人之命，懸於宰相」。這都是宋太祖優禮士大夫所培養出來的見解。所以雖《宋史紀事本末》說：「宰相坐論之禮廢於宋，」其實這只是宋代初年形式的改變，（因後周舊宰臣入宋後對太祖客氣）其實尊禮大臣及相權之重，無過於宋代者，不然王禹偁也不會有以上的觀念了。宋代帝王不僅常對將相大臣命坐賜茶，（宋人周必大詩有「刺史傳宣坐賜茶」之句）且常與大臣宴飲，如太祖與守邊諸將，太宗與寇準，均常痛飲盡歡，不拘形跡。到真宗仁宗以後，相權更重，已接近虛君立憲責任內閣制度。如無金元等胡人南下，則中國從此可以建立起良好君憲制度亦未可知。因此我們不能不佩服宋太祖是一個有開創性的政治家，他的政策，不僅收拾了唐末五代的混亂，而且開創了未來數百年文明之局。要知當時並無外國制度可以參考，這都是經由太祖與其輔臣趙普參照歷代得失而制定的，（普似只擬具實施辦法，創制則由太祖本人）。錢穆先生在《國史大綱》中論宋代政治，似乎只偏於弱點的敍述，然宋代政治的長處，則為漢唐所不及。「撥亂反正」，宋太祖可以當之無愧。

㈦愼選人才 《宋史．太祖本紀》載乾德五年三月，詔翰林學士常參官於幕職州縣及京官內各舉堪任常參官者一人，不當者連坐。後又詔諸道舉部內官吏才德優異者一人。開寶元年初覆試貢士，是科取進士合格者十八人。並下詔考試不許樹私恩，謂「文衡公器豈宜私濫！自今舉人，食祿之家，悉委中書覆試。」其愼重如此，故張溥謂賢人君子於宋為獨多。

每一朝代的開創，制度固極重要，人物之影響亦關係甚大。如漢高祖為一坦率之豪傑，故西漢之世多粗獷實幹之才，武帝、宣帝、衛青、霍光可為代表。東漢光武帝為一儒將，好學尊經，故東漢文風昌盛，氣節之士特多。唐太宗英姿爽颯，文武兼資，富於朝氣，唐代中葉以前各種發展均有外向豪邁之氣。宋代太祖趙匡胤為一仁君，他不僅對人民對臣下仁慈，即對十國之君亦均不加害，故王夫之《宋論》謂宋朝歷代帝王均尚仁慈，蓋均受宋太祖為人之影響。以上所舉兩漢唐宋開國人物雖不同，然其為英哲則一。宋名相李綱上高宗疏云：「興衰撥亂之主，非英哲不足以當之，英則用心剛，足以斷大事，而不為小故所搖；哲則見善明，足以任君子，而不為小人所間；在昔人君之體此道者，惟漢之高祖、光武，唐之太宗，本朝之藝祖（太祖）……」所見甚是。

自來開國人物，足以影響一代風氣，觀宋世之發展益明。宋代文風昌盛，僅次於成周，與太祖之提倡讀書有關。《宋史》載，太祖雖出身將校，然極重視學問，嘗謂侍臣曰：「朕欲盡令武臣讀書，知為治之道。」於是臣庶始貴文學。又嘗勸輔臣趙普讀書，普晚年手不釋卷。又嘗曰：「宰相當用讀書人」。其重視讀書如此。宋太宗繼位修《太平御覽》、《文苑英華》等類書，史載《太平御覽》網羅古今舊聞，分門別類，共一千卷，太宗日覽三卷，一歲讀畢。大凡提倡學問，必須提倡者本身先是內行，有相當的修養與智慧，方足以接受高明意見而得其款要，這樣的提倡才能收到效果。準此可以推知宋太祖、太宗皆為識鑒通達之人，而太祖尤為偉大。

《宋史．太祖本紀》載「太祖性孝友節儉，質任自然。嘗坐寢殿，令洞開諸門，皆端直軒豁，無有壅蔽，謂左右曰：此如吾心，若有邪曲，人皆見之矣。」又謂「帝一日罷朝，坐便殿，不樂者久之，左右請其故，曰：爾謂天子容易為耶？早乘快誤決一事，故不樂耳。」舉此二例，可見宋太祖恒惻之誠。宋太祖一生侍母杜太后甚孝，與諸弟友愛，並遵母命傳位於其弟晉王匡義，即太宗。常謂諸臣曰：「晉王龍行虎步，真太平天子也！」其為人坦誠如此。此事雖近時史學家蒙文通先生謂宋太祖當時因天下未定，北方尚有遼漢西夏，故不得不傳長君。然太祖死時，太宗三十七，其子德昭亦三十上下，且久已參預國家大計，同平章事，未始不可繼立。主要是宋太祖為人，天性孝友，愛其弟與愛其子同，故不存芥蒂也。《宋史》載帝友愛光義，數幸其第，恩禮甚厚，且常召光義入宮飲宴，每至大醉。光義嘗有疾，帝親為灼艾，光義痛，帝亦取艾自灸，其友愛如此。兄弟友愛，固亦人倫之常，但兄弟間亦最易發生爭執，平民百姓為柝居爭產，每使兄弟反目，帝王之家為爭政權而骨肉相殘者更不乏史例，宋太宗對其弟則一反太祖之態度，由此可見宋太祖所為之難。此明代史論家張溥謂宋太祖「志在安天下，不在私天下也」。

天下事有一利必有一弊，宋初為收拾百年亂世，救民水火，不得不大刀闊斧，訂立許多大法，推行許多改革，其中最為後世訾議者一為重文輕武與不信任將帥，致使宋代武力不振，受困於邊防。一為朝廷仁慈，形成士大夫放言高論而不切實際的態度，以致後來冗官太多，行政因循。此情形至神宗用王安石變法後尤甚。然此二事自來史論家均謂是末世的流弊，非太祖本意使然。即以收兵權一事而論，太祖當時所罷的諸將只是後周時同列舊將，所收的兵權，亦只是他們所領的禁軍之權。然他對謹慎守法的舊將如曹彬等則仍舊重用。平江南，平蜀諸役，命將出師，並無不信任將帥之處，《宋史紀事本末》載：

帝既定計，盡收諸將兵柄而削藩鎮權，尤注意命將分部守邊，具得要領。以趙贊屯延州，姚內斌守慶州，董遵誨屯環州，王彥昇守原州，馮繼業鎮靈武以備西夏。李漢超屯關南，馬仁瑀守瀛州，韓令坤鎮常山，賀惟雄守易州，何繼筠領棣州以拒北狄。又以郭進控西山，武守琪戍晉州，李謙溥守隰州，李繼勳鎮昭義以禦太原。其家族在京師者撫之甚厚，郡中筦榷之利悉與之，恣其圖回。貿易免所徵稅，令召募驍勇以為爪牙，凡軍中事，許從便宜；每來朝必召對命坐，賜以飲食，錫賚殊異。由是邊臣皆富於財，得以養募死士，使為間諜，洞悉番情，每入寇，必能告知，預為備，發伏掩擊，多致克捷。由此累年無西北之虞，得以盡力東南……

由上引史事觀之，太祖並非不信任將帥，又如太祖命王全斌等伐蜀，遙為節制，後因王等在蜀殺降貪財，乃徵還問罪，賞罰分明。又遣曹彬伐南唐，囑之曰：「江南一事，一以委卿，切勿暴掠生民，務廣威信，使自歸順，不煩急擊也。」又曰：「城陷之日，慎無殺戮，設若困門，則李煜一門，不可加害。」凡此不僅見太祖之仁明，且足見太祖眼光遠大，指揮若定。後曹彬於金陵將陷時，致稱疾以勵諸將，焚香立誓不濫殺戮，其恪遵太祖之指示如此，可見太祖不僅善於任將，且有遠略，能使在外的將帥震服。然自宋太宗以後，已有不信任將帥的跡象，至南宋時更對太祖杯酒釋兵權事加以誤解。明代陳邦瞻論曰：

宋祖君臣，懲五季尾大之禍，盡收節帥兵權，然後征伐自天子出，可謂識時勢，善斷割，英主之雄略矣。然觀其任將如此，豈猜忌不假人以柄者哉？後世子孫不深維此意，徒以杯酒釋兵權為美談，至南渡後，奸臣猶託前議，罷三大帥兵權以與讎敵連和，豈太祖趙普之謀誤之耶？

明張溥亦論太祖收兵之事云：

觀其文臣典州，老將禦邊，久任責成，戰守並用，萬年景福，何嘗去兵？末世處堂，祖功有咎。赫赫文武，寧為東遷貶德！南渡賊檜為金人反間，納范同之策，召三大將入朝，盡收兵權，謬附前說，則又開門揖盜者矣！

以上二論，均謂宋太祖收兵權只在制裁跋扈之方鎮，並非不信任一般將帥。至宋世之積弱，則由後世子孫的矯枉過正，非太祖定策之原意，奸臣復假借以為口實，故形成流弊。

其次謂宋太祖定不殺大臣之制，朝廷寬大，致使官吏因循，此亦後世之過，與太祖本來態度不符。宋太祖雖尊禮大臣，寬仁御眾，然對貪贓枉法的官吏則絕不寬貸。他雖重視人命，一再立法減免死刑，惟對貪污不法的官吏則仍用「棄市」之法。《宋史·太祖本紀》中，中外文武官吏因貪贓棄市者即有二十餘人，因枉殺棄市者亦有數人，貶絀杖責者尚不在其內。王彥昇有佐命之功，因其擅殺韓通，終身不與節鉞。王全斌有平蜀大功，但因殺降貪恣，即加貶絀。趙普為開國相臣，但晚年亦因受賄不法貶逐於外，終太祖之世，不復再用。又太祖屢有大赦之詔，惟對貪贓及枉殺之官吏不在赦內。曾詔嶺南官吏，貪贓滿十貫者處死刑，蓋因嶺南地僻路遠，故用法加重也。《宋史》贊太祖「釋藩鎮兵權，繩贓吏重法，以塞亂濁之源。州郡司牧以下至令錄幕職，躬自引對。」其注意整飭吏治，實不在漢光武、唐太宗之下。他整飭吏治的重點，似在於使文官不敢貪贓，武官不濫殺人，蓋古時官吏大權在握，且為人民表率，如任其貪殘，不僅影響政治，且足敗壞風氣也。

除上述的仁風善政外，尚有二事可以看出宋太祖的眼光遠大，其一是他曾想遷都洛陽，再遷長安，以恢復周漢規模，憑山河之險，而省冗兵。一是他計劃俟中國統一之後，積儲財帛，運用外交方法，與遼人交涉，贖回燕雲十六州。這二事均為其繼承人宋太宗所阻，影響宋代甚大。由此可見宋太宗的政略，較太祖相去遠矣！按《宋史．太祖本紀》載，宋太祖在位十七年，崩時年方五十，正是壯年。如他能再活十五年，則對國家貢獻必更大。由此向上推算，得知陳橋兵變時宋太祖年只三十三，其弟太宗年方二十，趙普也不過三十上下，這三位開國人物正是青壯年時期，竟能於短時期內移風易俗，撥亂反正，安邦定國，真是自力更生的大政治家！明張溥評曰：「防亂之嚴，未有密於此時者也，然歷觀行事，帝皆以仁者之意施之，非獨聖政，有聖心焉。故散禁兵而功臣不疑；更法制而郡縣無惑，知帝之志在於安天下，而不在私天下也……」又《宋史．太祖本紀》贊曰：「在位十有七年間，建三百載之基……世有典則，遂使三代而降，考論聲明文物之治，道德仁義之風，宋於漢唐，蓋無讓焉。嗚呼規模若是，可謂遠也已矣！」按宋祖為涿郡人，與蜀漢昭烈帝劉備為同鄉，性格、行政，亦相似，豈涿郡必出仁君歟？

宋太宗伐遼失利的檢討

自五代後晉石敬瑭割燕雲十六州與契丹，中國北方燕山長城之險盡失。宋興，太祖平定南方之後，太宗又滅北漢，中國大體已經統一，收復燕雲十六州之舉，勢在必行；只是太宗未能善用策略，操之過急，遂致辜負此一大好時勢。

《宋史》載，太祖於乾德三年，置封樁庫於大內，凡歲終用度之餘皆入之，以為軍旅饑饉之備。嘗謂侍臣曰：「石晉割燕雲以賂契丹，使一方獨限外境，朕甚憫之，欲俟府庫所蓄滿四百五十萬，遣使謀於彼，儻肯以地歸我則以此酬之；不然，我以二十匹絹購一胡人首，彼精兵不過十萬，止費我二百萬匹絹，則虜盡矣。」由上引記載，知宋太祖對收復燕雲的計畫，並不想專用軍事，而是主張運用外交與政治經濟各種方法的。蓋遼為北方新興的大國，又有塞外草原作為後方，並不限於燕雲一隅。且胡兵善於野戰，行動飄忽，與南方那些自守之國絕不相同，宋軍若不能用會戰的方法一舉擊敗其主力，只進兵圍燕，是無濟於事的。然遼於宋統一中國之後，必然感到震恐，這正是運用外交、政治、財帛以收回燕雲最好的機會。如果遼仍不願交還燕雲，則太祖的計畫收買其軍士與人民，動搖其人心士氣，然後再養精蓄銳，全力大舉，則驅契丹於長城之外，恢復漢唐的舊疆，大有可能。

宋太宗的第一失策，是他於滅北漢之後，不能運用上述政略而緊接著就去伐遼。宋太祖為人氣度恢宏，所見者遠，如他命曹彬伐江南時，即囑之日：「務廣威信，使自歸順，不煩急攻也。」太宗的氣度比較狹隘，故不無急進之失，這於他繼位之後，不逾年而改元一事上已可看出。且太祖一生善將將亦善用兵，而太宗於此二道似均不如太祖，就從這次他即位後第一次用兵，即使軍心渙散，已可看出。《宋史》載，太平興國四年，太宗親征北漢，自正月至五月，方進至太原，屯兵於堅城之下，苦戰僅乃得克。師已老矣，而太宗卻欲於此時乘勝伐遼，收復燕薊，諸將皆不願往，獨殿前都虞侯崔翰奏曰：「乘此破竹之勢，取之甚易，時不可失。」崔翰此奏頗有商榷之餘地。所謂「乘勝」，必須是將遼的前鋒主力擊敗，方能成破竹之勢，如今只滅一附庸北漢，未損遼之實力，且宋師已苦戰五月，師老兵疲，此正休兵覩釁之時，何云「取之甚易！」諸將之不願往，恐亦為慎重計，蓋已知疲乏之師，縱能圍燕，亦未必能戰勝契丹塞外援軍也。

其次是太宗於平北漢之後，未按往例行賞，而大失軍心。按宋自太祖用兵，每有克復，必賞功酬勞，太宗此次為了繼續伐遼，遲不行平漢之賞，甚違眾望。《續資治通鑑長編》卷二〇太平興國四年五月條云：

取幽薊，諸將皆不願行，然無敢言者……

長編同年六月庚申條又說：

車駕北征，發鎮州，從六軍有不即時至者，上怒，欲置之於法。馬步軍都軍頭趙廷溥遽進曰：「陛下巡行邊陲，本以外寇為患，今敵未殄滅，而誅譴將士，若圖再舉，誰為陛下戮力乎？」上嘉納之。

車駕出發，諸將竟有違命不按時至者，則士氣之疲乏可見，何況契丹又是大敵，此行之可慮，不待智者而知。太宗急於伐遼，收燕雲國土之志故極可佩，其奈當時士氣已不可用何！自古士氣不振，勉強出征，未有不敗者，如曹操之戰赤壁，昭烈之伐吳，苻堅之侵晉。用兵制敵之道，首在保存有生力量，爭取時間，以求決定性勝利，爭城略地，猶在其次。又長編卷三〇太宗淳化四年十一月條：

上謂侍臣曰：往歲既克並汾，觀兵薊北，方年少氣鋭，至桑乾河絕流而過，不由橋梁。往則奮鋭居先，還乃勒兵殿後，（此句不實，帝實敗退）靜而思之，亦為可戒。

從上引文字，可見宋太宗當年的鋭氣。《宋史》贊太宗「沈謀英斷，慨然有削平天下之志。」是不錯的。唐人詩云「漢家煙塵在東北，」自周秦漢唐宋明以來，漢民族的大敵都在北方，至今仍然如是。周秦漢唐之都西安，宋之都汴京，明成祖之遷都北平，實皆為維略邊防，古人謂之「天子守邊。」像宋太宗這次高粱河之敗，《遼史》及《王銍默記》均謂：「帝兩股中箭，乘騾車夜遁。」亦令人寄與無限同情。這真如宋太祖所說：「作天子亦大難！」太宗此次之敗，尚非全因伐漢之後，將士未得休息；而太原之賞未頒，影響士氣，亦有很大的關係。又遇上遼的名將耶律休哥，此人善於野戰及出奇制勝，又善用游擊戰截斷宋軍的糧道，使習於布陣攻守的宋軍，難於應付。這次打敗太宗及以後在歧溝關又大破曹彬的都是休哥。勢均力敵的交戰雙方，哪一方有名將，則哪一方戰勝的機會較多。又《王銍默記》載吳越王錢俶參與此戰云：

> 俶從太宗平太原，又旁取幽燕……至幽州城下，四面攻城，而我師以平晉不賞，又使之平幽，遂軍變。太宗與所親夜遁。……

可見這次失敗的主因是軍心浮動，發生兵變。太宗收復之志固堅，但將將用兵，審時度勢，謀略計畫均不如太祖了。以當時宋代統一全國之局面，與遼一戰，勢所難免，恢復燕雲亦非絕不可能。可惜太宗操之過急，處理未當，尤不應不行太原之賞。且於五月下太原，六月即攻燕，未與大軍一點喘息機會，遂致大敗於高粱河，兵連禍結者二十五年，前後大戰四次，宋一勝，三敗，元氣大傷，朝氣亦失，從此轉入長期的保守局面。遼亦無力再戰，乃於名將耶律休哥死後，與宋定「澶淵之盟」，雙方恢復盟好，和平共存，而燕雲亦終未能復。當太平興國五年，太宗又欲伐燕之時，張齊賢即上書諫曰：「聖人舉事，動在萬全，百戰百勝，不如一戰而勝，若重之慎之，則契丹不足吞。」這是對太宗上年輕舉急攻之失而進的規諫。又七年太宗又命曹彬、潘美、米信、田重進等四路大舉伐遼，先勝後敗。各路正在乘勝繼進，逼近燕京之際，趙普上書曰：

伏覩今春出師，將以收復燕薊，屢聞克捷，深快輿情。然晦朔漸更，已及初夏，尚稽克復。屬在炎蒸，飛挽甚煩；戰鬥未息，王師漸老，吾民亦疲。夙夜思之，頗增疑慮。戰者危事，難保其萬全；兵者凶器，深戒於不戢。前書有兵久生變之言，此可以深慮也……旬朔之間，便涉秋序，臣又慮內地先困，邊境漸涼，虜則弓勁馬肥，我則人疲師老……伏望速詔班師，無容玩寇。

這真是老成謀國之言，惜太宗不能用，遂又致歧溝關大敗。按宋兩次伐燕，都是先勝，及至遼的塞外援軍到達反攻，宋即敗退。對付像契丹這樣有塞外後方且兵強戰善的大國，應該採長期困擾，敵進即退，使其為保燕雲一隅之地而疲於奔命，然後再以猛虎在山之勢，臨之以大國聲威，啖之以金帛，佐之以交涉，則收回燕雲非不可能。此張齊賢所謂「重之慎之則契丹不足吞」也。惜太宗的觀念把遼與南唐、北漢等量齊觀，主觀的願望，思一舉而剪滅之，此所謂欲速則不達。又《宋史．武功王德昭（太祖子）傳》載：

德昭從帝征幽州，軍中嘗夜驚，不知帝所在，有謀立德昭者，帝聞之不悅。

這事《宋史》雖記的簡略含蓄，但我們可以從中推知事情的嚴重性。蓋當時軍中對太宗已感不滿，因而追念太祖，又想仿照陳橋兵變之例，將黃袍加於德昭之身了。《王銍默記》所說：「遂軍變，上與所親夜遁。」是否即指此呢？從上面的記載，知帝之「與所親夜遁」，是在軍中謀立德昭與軍變之後，在這樣情形中的遠征軍，如何能經得起遼將耶律休哥的進擊。明陳邦瞻論此事曰：

昔王朴與周世宗謀取天下，欲先定南方，次及燕，最後乃及太原。太祖與趙普雪夜之言，亦朴遺意也。太宗一日忘其本謀，急於伐漢，盡銳堅城之下，僅能克之。師已老矣，復議伐燕，所謂強弩之末，勢不能穿魯縞也。一敗而沒世不振，再舉再失利，皆由太宗不知天下大勢，倒行求前，以致顛蹶也。

陳氏謂太宗之錯處在先伐漢，其實伐漢並非失敗的關鍵。宋太祖開寶二年，亦曾親征北漢，不克而還。是則伐漢而克，勿寧可謂太宗的成功。太宗的錯處，在於他滅北漢後，不與將士喘息機會，遂即伐遼。把北方大國，看得同北漢一樣容易，於知彼量敵上，頗欠考慮。如果說非一氣平定燕晉不可，則寧可如陳氏所言用蓄銳之師先平燕，燕平，太原不足慮。總之，這次宋師高梁河之敗，多半由太宗人謀之不臧，非全因兵力不給也。

蔣復璁先生《宋史新探》云：「宋太宗繼位之初，一切大政均秉太祖遺規。自伐遼高梁河敗後，外而國勢，內而政事，以至骨肉家庭都起了劇變，太宗以後的措施，也不全依太祖成規。宋初所訂強本弱末的政策雖仍奉行，不是矯枉過正，就是逾淮變枳，失去原來的意義了。」這話是不錯的。太宗伐遼失敗，對宋朝以後的政治影響極大。太宗此後不僅違背其母杜太后的遺囑，逼死弟姪，傳位於子，而且對將帥更不信任了。武功不振，為了向國人有所交代，只好向文治方面發展，於是修類書、廣科舉，宋代重文輕武，矯枉過正之弊，至太宗時才真正形成。雖《宋史．太宗紀》贊他除對骨肉太忍，後世不能無議外，因其為人「慈儉」，尚能於四夷多故、干戈擾攘之際，而不失民心。然這恐怕亦係因太祖的遺澤，非太宗一人之力了。

金匱之盟與燈影斧聲之說考辨

《宋史．太祖本紀》對宋太祖之死，只記開寶九年帝崩於文德殿，年五十，未記其詳。南宋李燾作《續資治通鑑長編》，謂當時的國史及太祖與太宗兩實錄，均不記太祖之崩與太宗即位之經過，頗啟後人疑竇。尤其太祖是傳位於弟，實錄上應有較詳的記載，今略而不述，是否有難言之隱？這是後世「燈影斧聲」的傳說形成的原因。此事明史論家張溥已斷為必無之事，只因太宗後來對弟姪寡嫂均太忍，遂不能使後世無疑耳。《宋史紀事本末》「金匱之盟」一章記云：

冬十月（開寶九年）帝有疾。壬午夜大雪，召晉王光義，屬以後事，左右皆不得聞，但遙見燭影下晉王時或離席，若有遜避之狀，既而上引柱斧戳地，大聲謂晉王曰：「好為之！」俄而帝崩。時漏下四鼓矣。

這一段記載，真可謂之惝恍迷離，於是後世遂有人疑心宋太祖是於病中死於非命的。宋太祖為推行強本政策，中朝以兄弟子姪為基幹，盡罷宿將兵權，文臣中只一趙普為心腹之臣，晚年並趙普亦外放。朝中可託後事者只光義（太宗）一人，所以病中獨召太宗，左右皆不得聞的情形並不足為奇。可疑的倒是經過宋太宗親自增刪過的《太祖實錄》，為什麼不把太祖囑託後事的內容寫出來呢？此事的癥結，可能在太宗傳位於德昭的問題上。宋太祖一生不把德昭封王，是故意留給太宗做的。是則太祖本意，可能是遺命太宗傳位德昭，這事如果記於實錄，則將來傳位問題已經確定，再變更就困難了。故重修的《太祖實錄》中，即有杜太后遺囑及「金匱之盟」的記載，此即《宋史·杜太后傳》所本。遺囑中並將傳位德昭之事不提，只記杜太后謂太祖曰：「汝百歲後當傳位於汝弟，四海至廣，萬幾至重，能立長君，社稷之福也。」我更懷疑另一杜太后遺命「太祖傳光義，光義傳廷美，廷美再傳德昭」的傳說。為立長君，太祖傳光義可也（按杜太后死時太祖年三十四，光義二十一。太祖死時年五十，光義三十七），而廷美與德昭年歲相似，可能德昭還大廷美一兩歲，則二次再傳廷美，實無此必要。以宋太祖之英明，絕不會有如此決定。這傳說如果不是宋太宗故作姿態，以緩和德昭繼位問題，即係後人對廷美與德昭的年齡弄不清楚，才有此揣度之傳說的。如近人方豪先生的《宋史》，即謂太宗光義僅略幼於太祖，即是一例。其實太宗比太祖小十三歲，是宋太祖心愛的少弟，他所以傳位於太宗這也是原因之一。

「燈影斧聲」之說，《宋史》不載，《紀事本末》所載是根據李燾的《續資治通鑑長編》，而長編則是根據宋人筆記。長編並記太祖病時，召道士張守真來，令降神，神言「晉王有仁心」，上即夜召晉王，囑以後事。此事如果屬實，則這位道士必已看出太祖有意傳弟，或已受晉王光義之囑託而有此神言。當時朝廷的中心除太祖即太宗，史載太宗當時多養力士，收買人心，勢力已成，太祖晚年雖欲不傳位於他，也不可能了。這是當時的實際情形，也是宋太祖推行強本弱末中央集權政策的應有的結果。

按《宋史》中關於太祖一朝大事，與宋代各家筆記中所記載多有出入，尤以王禹偁的《建隆遺事》一書，記太祖朝事頗有與正史不同者。其書已佚，今只能於李燾《續資治通鑑長編》及《邵氏見聞錄》中略見徵引。據王禹偁云，《太祖實錄》，太宗曾命史臣重修，並攜入內廷手自增刪。重修後的實錄，有杜太后遺命太祖傳弟的「金匱之盟」及陳橋兵變後，太宗叩馬請太祖禁軍人擄掠汴京二事。於是後人遂疑此二事均為太宗所加。以太祖之英武仁惠，禁兵擄掠，豈用太宗進言？王禹偁《建隆遺事》（一名《篋中記》）云：

「太祖神聖文武，曠世無倫。自受命之後，功德日新，皆禹偁耳目所見聞。今史臣多忌諱而不書，又上近取實錄入禁中，親筆削之，禹偁恐歲月浸久，遺落不傳，因編次十餘事。」

王禹偁是宋初學養品節俱高的正直之臣，他歷仕太祖、太宗、真宗三朝，建白甚多。他對太祖甚崇拜，正足證明宋太祖是一位有新觀念的開創人物，故其有「自受命之後，功德日新」之語。王禹偁《篋中記》又云：「偁，太祖皇帝諸生也，一代之事，皆目所見者，考之國史，或有不同。」故真宗咸平年間，第二次重修《太祖實錄》，王禹偁也奉派參加，因他「直書其事」，竟被斥貶官。他曾作三黜賦以見志，有句云：「屈于身而不屈于道兮，雖見黜而何虧！」可見此公之守正不阿。

據蔣復璁先生《宋史新探》推測，謂王禹偁修《太祖實錄》之得罪，可能就是因為「金匱盟誓」與「太宗叩馬」（即諫太祖禁兵擄掠）二事。這二事太宗初年修的舊太祖實錄不載，「太宗叩馬」之事尚無關重要，「金匱盟誓」則影響宋初的君位繼承，關係太大了。按記載金匱盟誓的書最早者為重修的《太祖實錄》，此書久佚，見於宋李燾《續資治通鑑長編》所引，謂杜太后顧命時，太宗及趙普均在榻前。李燾並於按語中說「今從正史及新錄，而舊錄蓋無是事。」這裡所謂的正史是指宋代修的太祖與太宗本紀，可見李燾亦疑此事。其次是司馬光的《涑水紀聞》記太后遺言云：「汝萬歲後當以次傳之二弟，則併汝子亦獲安矣。」語頗簡略。

現在的《宋史》，是元朝末年右丞相脫脫領銜修的。僅一年而成書，蓋多因宋人所修的舊史。南宋亡時，董文炳至臨安，主張將宋史館所存之歷朝實錄及國史全部北運燕京，盡入元之國史院。他這一北運主張，保存了很多史料，否則元末江浙群雄並起，兵燹不絕，史料如仍存杭州，必遭破壞。今之《宋史·杜太后傳》記「金匱之盟」云：

建隆二年，太后不豫，太祖侍藥餌不離左右。疾亟，召趙普入受命。太后因問太祖曰：「汝知所以得天下乎？」太祖嗚噎不能對，太后固問之。太祖曰：「臣所以得天下者，皆祖考及太后之積慶也。」太后曰：「不然，正由周世宗使幼兒主天下耳！使周氏有長君，天下豈為汝有乎？汝百歲後當傳位于汝弟，四海至廣，萬幾至重，能立長君，社稷之福也。」太祖頓首泣曰：「敢不如教。」太后顧謂趙普曰：「爾同記吾言，不可違也。」命普於榻前為約誓書，普於紙尾書「臣普記。」藏之金匱，命謹密宮人掌之。

這一段記載，大概就是根據宋太宗改修的《太祖實錄》，粉飾增加之處，頗可見於字裡行間。按《宋史》稱太祖為人英武，舊將石守信等均畏憚之，且係創業之主，又非繼體幼君之受庇於母后者，何致如上文所說「嗚噎不能對，太后固問之……」那樣懦弱情形？且「召趙普入受遺命」，亦頗似仿照以前託孤重臣的故事。趙普太祖一書記耳，有何資格？且亦無此必要。故《涑水紀聞》只略記杜太后臨終叮嚀之二語，而不記「金匱誓書」之事。且《涑水紀聞》謂太后叮嚀太祖以次傳位二弟，而此處則改為「傳位于汝弟」。按秦王廷美與皇子德昭年歲相似，若為立長君，實無傳位於廷美的必要，温公的紀聞也只是根據宋時的傳說，可見宋時對諸王年齡已多揣測之辭了。

《宋史紀事本末》記「金匱之盟」則寫得更實了，謂杜太后告太祖云：「汝百歲後當傳位於光義，光義傳光美（即廷美），光美傳德昭……」這可能是根據《宋史．秦王廷美傳》中所載：「或謂昭憲（杜太后）及太祖本意，蓋欲太宗傳之廷美，而廷美復傳之德昭……」觀太宗即位後，即令廷美為開封府尹，封齊王，德昭永興軍節度使，兼侍中，封武功郡王，後又下詔太祖及廷美子女並稱皇子皇女，乃是表示將承宋太祖的做法，傳位於弟的意思。

綜觀上面各種記載，知「金匱之盟」一事，可能即係由於《涑水紀聞》中杜太后臨終的遺言而來。關於遺言的兩種不同的記載：「傳位于汝弟」，比「以次傳位於二弟」可靠。杜太后歿於建隆二年，時天下初定，尚未統一，皇子德昭幼小（約十餘歲），杜太后親見前一年太祖從幼主手中取得天下，其有立長君以安天下的顧慮，極合情理。他若死於開寶年間，德昭已長大，或不致有此叮嚀了。至太宗繼位，則係出於太祖之本意，不全為遵杜太后遺囑。我們從皇子德昭終太祖之世，未得封王，可知太祖無意傳子明矣。且趙普為傳弟問題曾諫太宗曰：「太祖已誤，陛下豈可再誤！」如真有金匱之盟，趙普當不致置杜太后遺囑不提，而只提太祖。且太祖傳位太宗，亦與其推行之強本弱末的政策有關。他實不願剛建立的堅強的中央政府，因繼位問題再削弱下去。他一生有意培植宋太宗，倚為左右手，且一再於言談間顯示太宗為其繼承人；又於開寶六年封太宗為晉王，班在宰相上，至此君位繼承問題已經確定，中外皆知了。且太宗少太祖十三歲，自幼好讀書，又能作戰，為一文武全才，太祖素來甚愛之。《宋史·太宗本紀》載，當周世宗時，太宗年未弱冠，即常屢立戰功，太祖每聞之即撫髀大笑，其愛幼弟之情可見。陳橋兵變及宋初安內攘外的工作，太祖多得太宗的助力，太祖有此介弟，使朝廷不孤，政局穩定，太宗實為宋初一大安定力量。且其時北方尚有遼夏、北漢，完成統一的工作，非英主莫辦，這可能是太祖傳位於太宗的主因。其次是宋太祖宮中無長后，德昭的生母賀后在周顯德五年太祖稱帝前即去世，年三十。繼娶的王皇后，宋史記其善彈箏鼓琴，晨起誦佛書，事杜太后得其歡心，是一位淑女，乾德元年二十二歲卒。第三位皇后宋氏，是開寶二年繼娶的，年十七，性柔順，好禮，太祖死時她才二十四歲。《宋史紀事本末》載，太祖死時，宋后見晉王，愕然遽呼曰：「吾母子之命皆託於官家！」是亦早已知太宗為繼承人矣。綜上所舉，可見宋太祖即位以來，兩納少妻，頗有中宮無主之勢。這也是皇子德昭不得封王與宋太宗之繼位未發生問題之一因。如賀后尚在，宮中有長后，情形就大不相同了。至皇子德昭的年齡究竟多大，史無明文。如按宋史太祖次子德芳傳謂其於開寶九年出閣（成年受封），太宗太平興國六年病卒，年二十三，則其出閣之年為十八歲。德昭傳謂其於乾德二年出閣，太平興國四年自殺，如出閣時亦為十八歲，則死時年三十四，如出閣為十五歲，年亦三十一。秦王廷美死於太宗雍熙元年（太平興國八年改元雍熙），年三十八，則其年齡與德昭實相差無幾。是為立長君傳廷美再傳德昭之說，更無道理。我想太祖本意或許是傳位於太宗，即命其傳德昭，而太宗因改變主意無意傳姪，故意拿廷美作緩衝。及德昭德芳相繼去世，即將廷美治罪遠竄了。至於將杜太后的兩句遺言，改寫成皇皇的金匱之盟，目的似也在將太祖傳弟之舉寫成純係奉承母命，以減輕太宗不再傳位於姪子的責任。因此事若果實有，則如此大事，初修的《太祖實錄》不致不載也。

輔臣趙普與秦王廷美之獄

趙普是宋代開國佐命之臣，他與宋太宗趙匡義（後改名光義）是宋太祖的左右手，亦與宋代君位繼承問題有密切關係。《宋史紀事本末》載宋太祖代周、陳橋兵變經過云：「周顯德六年十一月，真定二州上言，北漢會契丹入寇，次年正月遣殿前都檢點趙匡胤率兵禦之，是夕次陳橋驛，將士相聚謀曰，主上幼弱，吾輩出死力破敵，誰則知之？不如先冊檢點為天子，然後北征未晚也。都押衙李處耘具以事白匡胤弟供奉官都知匡義及歸德掌書記趙普，匡義、普入帳白之⋯⋯。」紀事本末記此事較《宋史．太祖本紀》為詳，是參考了《涑水紀聞》、《續資治通鑑長編》及《宋史》其他傳記寫成的。從這段記載中，可以知道陳橋兵變一幕，宋太宗趙匡義與趙普都是重要人物。太祖於即帝位以後，為了削舊將兵權，強本弱末，對匡義與趙普更加倚任。建隆元年，帝罷舊將兵權後，以弟光義為殿前都虞侯，統禁軍，次年又加開封府尹，與以京畿衛戍大權。舊宰臣范質、王溥等罷相，以趙普為門下侍郎同平章事。二人一武一文，成為宋太祖的左右手。凡大事必與此二人商議。《趙普傳》載：

太祖數微行過功臣家，普每退朝，不敢便衣冠。一日大雪向夜，普意帝不出，久之，聞叩門聲，普亟出，帝立風雪中，普惶懼迎拜。帝曰：「已約晉王矣。」已而太宗至，設重裀地坐，堂中熾炭燒肉，普妻行酒，帝以嫂呼之。因與普計太原事。普曰：「太原當西北二面，太原既下，則我獨當之，不如姑俟削平諸國，則彈丸黑子之地將安逃乎？」帝曰：「吾意正如此，特試卿耳。」

由上所引，可見宋太祖與二人之親近程度。普傳謂趙普善斷大事，觀以上所言，確有遠略。宋太祖為一仁人，心地寬厚，對二人信之不疑。然太宗與趙普兩人的心術，則各有深沉的一面。這一點，非宋太祖所料及。

按趙普是宋太祖作歸德節度使時掌書記官，陳橋兵變他是重要策劃人，所以杜太后於太祖即位後，猶呼趙普為書記，常勞撫之曰：「趙書記，且為盡心，吾兒未更事也，」大概趙普年齡比較長，太祖稱帝時年三十三，太宗方二十。故杜太后有此顧慮與囑託。又《建炎以來繫年要錄》載：

呂頤浩言：「臣嘗見太祖皇帝與趙普論事數百通，其一有云：『朕所創法度，子孫若能謹守，雖百世可也。』上（高宗）曰：『唐末五季藩鎮之亂，普能消於談笑間，如國初十節度，非普亦孰能制，可謂社稷功臣矣。』」

《宋史．趙普傳》謂：「普少習吏事，寡學術，及為相，太祖常勸以讀書，晚年手不釋卷。」又傳趙普生平只讀了半部論語，故有「半部論語安天下」之譽。總之，趙普的為人，頗似漢之蕭何、曹參。正因他出身老吏、讀書少，實際的行政經驗多，所以他擬訂的辦法才能切合時際，通行無阻，否則也像王安石一樣，動引古經，言必堯舜，反而滯礙難行了。然而趙普是一個事務官，非創制人才，他於宋初的改制，不過是奉承上意，擬具實施辦法而已。且因出身老吏，善於察言觀色，揣摹進計，只求有利於其仕途，不計事情之善惡是非。如他在宋太祖欲收藩鎮權柄，貫徹朝廷政令，完成統一之時，能訂出「文臣知州事」，「設通判官」，「設縣尉」，以收鎮將行政權。「設轉運使」以收鎮將財政權，行「更戍法」以使軍隊國家化。但他在宋太宗背誓陷害其弟秦王廷美之時，亦能違背良心，鍛鍊冤獄，逼廷美於死地。高宗稱他為「社稷之臣」，不免過份了。宋太祖開寶年間，對趙普的為人已有所認識。《宋史．趙普傳》載：「帝嘗幸普第，會吳越遣使致書於普，及海物十瓶，置簾下，未及發而帝至，倉卒不及屏，帝顧問何物，普以實對。帝曰：『海物必佳』，即命啟之，皆瓜子金也。普惶恐謝曰：『臣未發書，實不知。』帝曰：『第受之，彼謂國家事皆由汝書生耳！』」宋太祖時正整飭吏治，嚴懲貪污官吏，趙普係佐命功臣，雖不致立即治罪，但此事確使帝對趙普不能無疑。後來又因趙普為人忌刻，以私怨誣人致罪，遂愈懷疑趙普。初命參知政事薛居正等與普共掌中書大政以分其權，後竟罷為河陽節度使，終太祖之世，不復任用。

然趙普與宋太宗，亦有一番微妙的關係，據《宋史．杜太后傳》，太祖之傳位於弟（即太宗光義）是受其母臨終遺囑而作的，太宗時重修的《太祖實錄》，遂有「金匱之盟」的記載。此說自來傳說不一，《宋史紀事本末》根據各書作一綜合記載，謂太后遺命太祖傳弟光義（太宗），光義傳廷美，廷美再傳德昭，理由是為了立長君，以安天下。當時並召趙普為證人，使作筆記，藏之金匱。此事可疑之點甚多，前已為文考辨。總之君位繼承問題，自古即常引起爭執，周公為確定此事，才定下傳嫡長的宗法制度。出身老吏，飽經世故的趙普，當時即使參預此事，他豈不知此事後世必有問題？他如果真堪稱為太祖的社稷之臣，既認為傳弟不妥當，就應該於太祖晚年，相機建議，勸太祖立德昭為太子。因自杜太后死後到太祖死時又過了十六年，皇子德昭已將三十（或過三十），不可謂之不是長君了。但他不敢這樣做，然又不願對此事毫無表示，以免太祖自己改變主意，怪他不進言。故於開寶六年罷相出任河陽節度使時，上表與太祖，略言太宗繼承問題，以為自身日後萬全之計。表云：「外人謂臣輕議皇弟，開封尹皇弟忠孝全德，豈有間然。矧昭憲皇太后大漸之際，臣實與聞顧命。知臣者君，願賜昭鑒。」明代史論家張溥謂趙普此表，實有借刀殺人之意，本想提醒太祖，就繼承問題再加考慮，除去太宗，傳位於其子的。因他後來曾對太宗說，「太祖已誤，陛下豈可再誤。」可見他自始即不贊成太祖傳弟的主張。無奈宋太祖為人天性孝友，他閱趙普的表章後，不僅未對太宗疏遠，反而封太宗為晉王，班在宰相上，並將趙普的表親手封存，與杜太后的遺囑一同保藏；這道表，後來被宋太宗看到，大為感激，又起用趙普為相。趙普自謀之計亦可謂周全矣。張溥說他「志存推刃」恐亦未必。

宋太宗太平興國四年，高梁河敗回之後，自尊心受到打擊，骨肉之間，亦起了劇變，他在攻燕敗退之際，「軍中常夜驚，不知帝之所在，有謀立德昭者。」這事很明白的是軍心對他不滿，而思念太祖。這使太宗更加警惕。而不識時務的德昭，偏於此時勸太宗頒行平北漢的賞賜，更觸及了太宗的痛處。《宋史．德昭傳》載：「帝大怒曰：俟汝自為之賞未晚也！」這話很刺激了德昭，這個純潔的先帝之子，回去竟自殺以明心跡。又次年太祖的幼子德芳亦夭亡了。連太祖的遺孀開寶皇后宋氏死時，太宗竟不加重視，使其不成喪而葬。太宗的心，未免太忍了！迫死弟姪，是為了以後皇位傳子，但對寡嫂之歿，為什麼不隆其喪禮，以收人心呢？由此可見宋太宗為人氣度不大，不善運用政略，其伐遼之輕舉，亦中此弊。

《宋史·秦王廷美傳》載，初杜太后遺命太祖傳位於二弟太宗及廷美，廷美再傳德昭，及太平興國四年，德昭得罪自殺，六年德芳又夭亡，廷美乃不自安。太宗的舊僚屬柴愚錫、趙鎔、楊守一等，故意於此時告廷美謀變以搖之。太宗又訪問趙普以傳位之事。普曰：「先帝已誤矣，陛下豈可再誤！」這又是趙普揣摹太宗的意旨而進的忠告。如果太宗不變主意，他絕不會說這話的。於是太宗就利用他開國老臣的聲望來除掉廷美，而趙普亦藉此機會再登相位，以報復盧多遜當年排擠之仇。君臣互相利用，廷美之冤獄遂成。

《宋史紀事本末》載：

> 太平興國六年，晉邸（太宗原為晉王）舊僚柴禹錫等告秦王廷美驕恣，將有陰謀竊發，帝疑，以問普。普言願備樞軸，以察奸變……遂備道預聞昭憲顧命及前朝上表自訴等事。帝發金匱，得誓書，及覽普前表，因詔見，謂曰：「人誰無過，朕不待五十已知四十九年非矣。」九月拜普司徒，兼侍中，封梁國公。

趙普是金匱之盟的證人，宋太宗既有背盟傳子之意，最初對趙普自然要存戒心，故即位後久不用趙普為相。有人告廷美謀變及傳國問題都訪問趙普，也有試探趙普的意思。以趙普過去曾被杜太后及宋太祖信任敬重的老臣地位，當時即使不能挽回太宗的主意，也應該以老臣之言，勸太宗以和平方法解決這一問題。宋太祖能以杯酒釋兵權的和平方法除舊將的兵柄，太宗怎不能以和平方法解決自己骨肉間的問題呢？如和平解決的建議仍不為太宗接受，為趙普計，也應稱病退避，不參加這一幕骨肉相殘之劇，才能對得起已死的杜太后與宋太祖。然他卻要「願備樞軸，以察奸變」了！由此看來，宋初解除藩鎮與平定南方的功業，皆太祖以寬仁之量運用遠略的成功，若以太宗之急切與趙普之詭謀，可能壞事的。

《宋史紀事本末》據《宋史》各傳綜合記廷美之事云：

趙普復相，盧多遜心自不安……會普廉得多遜嘗遣吏趙白交通秦王事，帝大怒……下御史獄，捕繫中書堂官趙白，秦府孔目官閻密，小吏王繼勳等，命翰林承旨李昉等雜治之。多遜具伏，言累遣趙白以中書機密事告廷美，且曰：「願宮車晏駕，盡力事大王。」廷美亦遣小吏樊德明報多遜曰：「承旨言正會吾意。」因遺之弓矢，多遜受之……獄上，帝詔文武官集議朝堂，太子太師王溥等七十四人奏多遜及廷美顧望詛咒，大逆不道，宜行誅戮，以正刑章……

宋太宗以皇帝之尊，居高臨下，處置一個無權無兵的年輕幼弟，竟用上司馬懿廢曹爽的方式，動員全部朝臣，興起大獄，實在不必要！這是否亦為趙普之謀？這次雖未將廷美、盧多遜立刻處死，但將廷美勒歸西京私第，盧多遜遠竄崖州，妻子皆徙邊郡。並將趙白、樊德明、閻密、王繼勳等斬於都門外。事的可疑處，是告廷美的人都是宋太宗的私人，而所告的內容如所謂「驕恣」、「謀變」只是空洞的罪名而無具體事實。宋太宗因為想不出陷害廷美的良策，才請出老吏趙普重登相位，專負此事。這位金匱之盟的證人，用盡了羅織的方法，才造成上面所引盧多遜與廷美交往的那兩句閒話。就是這兩句閒話恐亦是「莫須有」的，因趙普恨盧多遜當年排擠之仇，所以才故意攀掣上他的。盧多遜貪權戀位，蒙禍尚由自取，廷美本可以皇族之親，安享富貴，只因其母杜太后的傳位遺囑，害得他罹此大難，這真是雖曰愛之，其實害之了！然老吏趙普意猶未盡，把廷美安置西京（洛陽）還不放心，又指使知開封府尹李符上言：「廷美不悔過，怨望，乞徙遠郡，以防他變。」太宗下詔降封廷美為涪陵縣公，房州安置。並以親信閻彥進知房州，袁廓通判州事以伺察之。這個房州，即今湖北房縣，唐武后因其子中宗於此，宋初又安置周廢帝於此。太宗把廷美送到房州來，又設嚴吏以防伺之，不僅把他再看成骨肉至親，簡直是以敵人來對待了。無怪廷美到房州後不久即憂懼成疾而亡。

廷美之死，宋太宗為了掩飾，又召集廷臣解釋一次，說廷美以前曾有西池謀變之事，太宗未向外宣佈；並說：「廷美母耿氏，朕之乳母也。」（見《宋史．廷美傳》）這事與《宋史．杜太后傳》所記不合。杜太后傳謂太后生五子，廷美亦太后所生。《宋史》上的記載前後矛盾，以如此大事，後世竟尚無人詳考，亦覺可怪。《宋史紀事本末》關於廷美之出生則從杜太后傳，不採廷美傳。然宋太宗如此作為，卻得不到自己兒子的同情。《宋史．楚王元佐傳》載：

元佐帝長子，少聰警，貌類帝，帝鍾愛之。廷美遷房州，元佐嘗力救，及廷美死，遂發狂疾，至以小過操挺刃傷侍人，疾少愈，帝為大赦天下。會重九召諸王宴射苑中，元佐以新瘥不預。及諸王宴歸，暮過元佐，元佐恚曰：「若等侍上宴，我獨不預，是棄我也！」因發憤被酒，夜縱火焚其宮，帝大怒，廢為庶人……

宋太宗為了元佐的病稍好而赦天下，則其對長子的鍾愛可知。然此子竟為了痛其叔父之冤死，發狂到殺人放火，其內心痛苦與對其父的抗議可說已達極點了。獨怪宋代滿朝文武，竟無一人為廷美說話的，可見宋代廷臣的士氣這時尚未形成。此事如在真宗、仁宗之世，廷臣絕不會如此緘默的。宋代在變法以前，只太宗此一事有虧正道。幸而太祖的遺風未遠，太宗諸子又都仁賢，所以未使宋代風氣變壞。真宗即位，即追復廷美為秦王，仁宗追贈太師尚書令，這都是替廷美昭雪的。至宋高宗無子，就不再傳位給太宗之後，而另立太祖的遠孫孝宗為帝了。故孝宗的年號曰「隆興」、「乾道」，蓋隱然有遙繼太祖開國年號「建隆」、「乾德」之意。這仍是宋初金匱之盟的影響。後世史論家以劉定之與明代張溥評太宗與趙普最為嚴厲。其評廷美被害云：

金匱定誓，太祖手挈天下以與弟，昊天后土，實式臨之。曾幾何時，德昭廷美，死俱非所，慈母拳拳，先慟地下……盧多遜專政，與趙普積釁，普思傾之，發端秦王……普益得售其奸，誅流滿朝，痛填骨肉，萬世首惡，非此二人誰歸乎？……

趙普如果真是金匱之盟簽名證人，他對廷美之獄，既不諫之於前，又不救之於後，反而親身參預太宗敗盟害弟之事。他和宋太宗仍有五代亂世君臣翻雲覆雨的餘風，與宋太祖有新觀念、新作法的命世之主，不可同日而語矣！

寇準、畢士安與澶淵之盟

豪傑何須身後名，才高遇事即崢嶸。
巴州詩句澶州策，信手拈來盡可驚！

上引陸放翁這首詩，可以說得寇萊公之神采。前人謂宋代若無寇準，宋真宗如接受王欽若避敵金陵之議，則宋室南渡，不待靖康之變了。宋世自真宗以下，君主均偏於陰柔，朝臣均偏於苟安，像寇準這樣剛強的人物，真是那時的中流砥柱！按這次主持大局的人，寇準而外，尚有賢相畢士安，二人一豪邁，一穩健，衷誠合作，互相配合，故能支持危局。準華州人（今陝西華陰），士安雲中人（今山西大同），俱有西北人物的剛健氣質。（按宋代王安石以前，宰相多用北人。）

寇準為人，剛直豪邁，不拘小節，平常縱飲豪賭，然臨大事則膽識過人，眼光遠大。宋太宗在世時，已引寇準為知己之臣，病中欲立太子，惟與準議，並攬衣以示腿上瘡疾。《宋史》載，既立襄王為皇太子（真宗），準再拜賀，帝入宮復出，「延準飲，極醉而罷，」所以寇準可以說是太宗的顧命之臣。後來他能力勸真宗親征，真宗雖恐懼而不能不勉強北幸澶淵，蓋亦與寇準是先帝的舊臣有關。然這次寇準的主張之能貫徹，則與畢士安的支持亦有關係。《宋史．畢士安傳》載：

> 太宗端拱中，詔王府僚屬各獻所著文，太宗閱視累日，問近臣曰：「其才已見矣，其行孰優？」或以士安對。
>
> 上曰：「正協朕意。」

又《畢士安傳》引真宗謂士安曰：

> 「欲倚卿為輔相，然時方多事，求與卿同進者，其誰可？」對曰：「臣駑朽，實不足以勝任。寇準兼資忠義，善斷大事，宰相才也。」真宗曰：「聞其好剛使氣。」又對曰：「準方正慷慨，有大節，忘身殉國，秉道疾邪，以其素所積蓄，朝臣無出其右者。方今西北跳梁，為邊境患，若準者正所宜也。」真宗曰：「然，當借卿鎮之。」未閱日與寇準同拜平章事。

可知寇準為相，是出於畢士安的推荐，且二人個性不同，而能合作無間，共濟國事，若與仁宗、神宗時之士大夫相較，則此時尚未失淳樸的朝氣。

《宋史．寇準傳》載：真宗景德元年冬，契丹大入，號二十萬眾，急書一夕凡五至，準均暫不以上聞。及帝知大駭，以問準，準曰：「陛下欲了此，不過五日耳！」因請帝親征，幸澶州，以勵士氣。畢士安亦與寇準同謀。並建議仲冬北幸。士安為真宗藩邸舊人，為人穩當，他的意見，真宗甚為重視，故決定於是年十一月親征禦敵，臨幸澶州。

宋真宗的為人，若以後來製造天書、崇信神道等事看來，不能算是英明之主，故寇準以「陛下欲了此，不過五日耳！」的話來為真宗壯膽。實則這次北幸，亦非全為冒險，真宗亦早有準備。蓋契丹經宋降將王繼忠的通款，早有和意，事情之所以久未解決，只因契丹索關南地（即今河北省河間、任邱地方，此原係石敬瑭所割之地，後為周世宗收復者。）真宗堅持不與，遼之興師，蓋為逼和，冀以取得較大之利益。實則遼主（聖宗）並不願戰，只蕭太后與達覽欲南侵以示威，且欲先攻下瀛州（河間），以造成既成事實。但瀛州宋軍堅守不下，遼兵攻之，損傷數萬，不克而去，這是遼兵入侵後一大挫折。這次遼兵雖已深入，但所過城邑，多未能下，雖冒險直趨澶州，但後路全是宋軍，前面又臨御營主力，而宋之天雄、中山等處各屯兵數萬，以威脅其側翼。遼主這次深入，其冒險成份，遠比宋真宗大。這情勢真宗與寇準都已有所認識，故出發之日，言天相者即謂「日珥有黃氣，主不戰而卻敵？」可見當時雙方均已成竹在胸，都想求和。但戰爭畢竟是變化莫測的事情，前途演變亦難預測，而真宗又非馬上創建之主，故終不免疑懼。寇準之功勞就在其為人氣概豪邁，能於危疑之際，堅決勇往，回朝廷之意，堅將士之心，使上下倚為長城。駱賓王有言，「氣憤風雲，志安社稷。」此二語，寇準可當之而無愧。且在此非常之時，正需要寇準那樣有才氣的人物。畢士安此時荐寇準同相，真有大臣謀國之風，否則這局面他一人是無法支持的。歷史上每一件成功的事情，不僅要有人才，而且要人和，純粹靠機會成功的畢竟很少。計寇準在這次遼宋之戰中，有以下幾點貢獻：

㈠部署軍事　《宋史·寇準傳》載，澶淵之盟的前一年，遼兵即屢次寇邊，一攻即去，徜徉無鬥志。準聞之曰：「是狃我也。」即推斷遼兵將大舉入侵，請朝廷命河北守將「簡驍銳，據要害以備之。」及遼兵大入，準與畢士安定議，以澶州為汴京外圍的防守要塞，集中大量兵力，憑黃河之險以阻遼兵南下，並派參執政事王欽若守天雄（今大名），王超守中山（今河北定縣），以分敵之勢。河北諸軍，憑城固守，以威脅遼人後方，這情勢，如同一誘敵深入的袋形陣地。可惜當時宋軍只長於攻城與堅守，不長於野戰；遼兵則長於野戰衝突，不長於攻守，各有其缺陷，不能決戰。否則宋軍如能用奇襲圍攻的方法，大有將敵人擊潰的可能。總宋之世，能縱兵野戰的只有岳飛一人，其餘諸將，一遇敵人的突騎即無法應付。宋太宗高粱河之敗，曹彬岐溝關之敗，均由於此。這次真宗的進幸澶淵，以李繼隆、石保吉為駕前排陣使，並一再示以陣圖，張左右二大陣以待敵，這仍是守勢。宋既不能野戰用奇，遼又不能攻堅進取，則罷戰言和，是必然的結果。

按宋遼這次戰役，頗似三國時袁曹官渡之戰，當時遼兵的力量不優於袁紹，而宋軍的力量則強於當時的曹軍甚多，然曹操之終能破袁者，以出奇兵燒烏巢糧運之故也。宋軍當時的天雄軍如能出兵擾敵糧道，進攻其側翼，則遼軍將腹背受敵，有大潰的危險。惜此時文臣王欽若在天雄閉門不敢出，日以唸佛祈禱為事，貽誤戎機甚大。「天寒思將帥」，宋世之弱，主要仍在無將帥，故縱有一雄才大略的宰相寇準，也只能小有成就而已。

㈡力排南下避敵之議

《宋史·寇準傳》載：

既而契丹圍瀛州（今河北河間）……中外震駭。參知政事王欽若江南人也，請幸金陵。知樞密院事陳堯叟，蜀人也，請幸成都。帝問準，準心知二人謀，乃陽若不知，曰：「誰為陛下畫此策者，罪可誅也。……大駕親征，賊當遁去，奈何欲幸蜀楚遠地，所在人心崩潰，賊乘勢大入，天下復可保耶？」遂請帝幸澶州。

按寇準這次非力請真宗親征不可原因有二，一為遼主與蕭太后親自統兵入寇，聲勢甚大，非真宗親征，不足以震懾敵人與鼓舞士氣。二為兩國通款講和已久，必須真宗親至澶州，始能當面解決和議的條件。又寇準怕王欽若在左右再進南幸之說，以動搖真宗的意志，故於真宗問他誰可守河北天雄軍的時候，立荐王欽若前往，且曰：「宜速召面受敕使行。」《宋史》載：欽若至，未及有言，準遽曰：「主上親征，非臣子辭難之日，參政為國柄臣，當體此意。」欽若驚懼不敢辭。寇準這一作法，將存心逃避的人，送到前線去，真所謂置之死地而後生。

㈢堅定眞宗意志　《宋史》載：十一月壬申，契丹兵至澶州城下，直犯前軍而陣，其將蕭達覽出按視地形，為宋將張環以床子弩射殺之。這是宋遼的前鋒接觸，遼喪前敵得力主將，軍心震恐。這時如有岳飛、楊再興那樣的猛將，乘勝直前突其大陣，或與以出奇夜襲，則遼兵可能大潰。可惜宋真宗為一守成之主，怯於決戰，李繼隆等御前將帥，只注重保護宋帝的安全，把破敵致勝的事反而忽略了。然乘勝而不進擊，兩軍對峙，局勢瞬息萬變。真宗於三日後到了澶州，心裡又有點怯了。《宋史紀事本末》載：

> 丙午帝次澶州，又有以金陵之謀告者，帝意稍惑，召寇準，問之。準曰：「陛下惟可進尺，不能退寸！河北軍日夜望鑾輿至，士氣百倍，若回輦數步，則萬眾瓦解，虜乘其後，金陵亦不可得至也！」

寇準這幾句話何等堅決、警惕，也確合乎實情。他為了堅定真宗的意志。又與殿前都指揮使高瓊同入，瓊奏曰：「寇準之言是也。」準又曰：「機不可失！」帝乃發，至澶州城南，望見契丹軍勢甚盛，眾請駐蹕。《宋史紀事本末》記寇準固請曰：

「陛下不過河則敵氣未懾……且王超領勁兵屯中山以扼其吭，李繼隆、石保吉分大陣以扼其左右肘，四方征鎮赴援者日至，何疑而不進？」

寇準不僅看出後退的可危，且看出前進絕無危險。這就是畢士安認為他「善斷大事」的地方。真宗遂渡河，「御北城門樓，召諸將撫慰。遠近望見御蓋，踴躍呼萬歲，聲聞數十里。契丹震駭……」寇準敦促御駕親征的效果，至此大獲成功。

㈣指揮戰和方略　《宋史》載帝至澶州，悉以軍事付準，準承旨專決，號令明肅……帝還行宮，留準居北城上，徐使視準何為，準方與知制誥楊億飲博，歌謔歡呼。帝喜曰：「準如是，吾復何憂。」從這裡猶可想見寇萊公當年英風。

戰事至此，已成相持之局，雙方均無決戰的氣魄與決心，於是和議很快就達成。遼人仍求關南地。帝曰：「所言歸地，事極無名，若必要求，朕當決戰。」這態度亦相當堅決。蓋宋與遼戰，本為收復燕雲，今燕雲既不可得，如再與遼以關南之地，則宋的汴京與邊境更接近了。真宗又告使臣：「若欲貨財，漢以玉帛賜單于，有故事，宜許之。」中國的正統朝代，雖屢更易，然遇到與夷狄的和戰關頭，仍多參考故事，這是中國民族一脈相承的地方。然此時寇準則主張，趁敵人深入、進退失據之際，迫其稱臣與獻幽薊之地。乃謂帝曰：「如此可保百年無事，不然，數十年後，戎且生心矣！」帝曰：「數十年後，當有扞禦之者，姑聽其和可也。」君臣二人的態度，仍是一怯、一壯。於是宋以曹利用為使與契丹議歲幣，臨行真宗謂之曰：「如不得已，雖百萬亦可。」寇準聞之，召利用至幄，謂之曰：「雖有敕旨，汝所許過三十萬，吾斬汝矣！」後終以三十萬（絹二十萬匹，銀十萬兩）達成和議。兩國並立誓書，有如現代之條約，這是中國與外夷第一次訂約。

畢士安在澶淵之役中，也貢獻很大，他頗有諸葛亮寧靜致遠之風，《宋史．畢士安傳》載：

> 澶淵之役，士安適臥疾，移書寇準曰：「屢請舁疾從行，手詔不許。今大計已定，唯君勉之。」已而疾少愈，追至澶淵。講和之議，定歲遺契丹銀絹三十萬，朝論以為過。士安曰：「不如此，契丹所顧不重，和事恐不能久。」

畢士安對和議的態度，與真宗更為接近，只求息事寧人，不想向對方提出更高的條件，這是他與寇準不同之處。《宋史》載次年放河北諸強壯歸農，罷諸路行營及河北戍卒十之五，緣邊兵三分之一，通互市，廣儲蓄，由是河北民得安業，皆士安之謀也。士安又請按邊要，選守將……其所擇任，悉當其才。畢士安這一選將守邊，以專責成的辦法，是仿照宋太祖的策略。自太宗伐遼至此二十餘年，北邊又恢復了平靜。同時遼主亦守約甚堅，遼聖宗臨終，尚遺囑勿與宋開釁。從此二國和平相處達一百十餘年之久。居今日看古事，「澶淵之盟」與宋實利多於害。蓋唐宋之際，正是東北塞外民族最強盛的時期，各部族相繼崛起，南侵不止。遼之無力南下，亦與其悉力統制塞外各族有關。且遼漢化較久，故能與中國長期和平相處，這無異成為中國北方的屏障。宋之所以能有長期太平，未始非遼人掩護之功。及金人滅遼，宋即無法支持了。

《宋史》載，澶淵盟後，帝待寇準甚厚，王欽若進讒言曰：「澶淵之役，為城下之盟，春秋恥之，陛下不以為恥，而謂準有社稷之功何也！」又云：「陛下聞博乎？博者輸錢欲盡，乃罄所有出之，謂之孤注，陛下寇準之孤注耳！」帝聞之不悅。王欽若可謂讒人矣！這話完全是利用真宗與寇準的弱點，作乘虛蹈瑕的傾陷，所言完全與事實不符。首先澶淵為前方之據點並非宋之京城，何得引春秋城下之盟為例？澶州之役，危險乃在孤軍深入的遼方，這事宋人亦深知之。仁宗朝富弼使遼，即曾詰問遼主宗真：「北朝忘章聖皇帝（真宗）之大德乎？澶淵之役，苟從諸將言，北兵無得脫者。」可見當日之實情。其次寇準為人喜豪賭，這是他的缺點，故王欽若以「孤注」來比喻，用以刺激真宗，使其疏遠寇準。宋代在王欽若以前，朝臣均未失樸實忠直之氣，王欽若可以說是第一個小人，遙遙為呂惠卿、蔡京等之先驅。不久他又進言真宗以神道設教，迷信天書，大起道觀，舉國若狂，形成宋政一大污點。按澶淵之盟，雖有所失，亦有所得，誠如當時上書者為言「每年三十萬歲幣雖重，然所費不及用兵百之一。」且據真宗天禧末年國庫收入，每年錢約二千七百萬貫，銀約九十萬兩，絹約一百六十萬匹。則予遼三十萬的歲幣，負擔並不算太重。此所以寇準與諸將雖想進取，而真宗與穩健的畢士安則堅決主和。而最大原因，還是兩國勢均力敵，形成均衡局勢，這情勢從太宗伐遼失利至澶淵之盟二十幾年的戰爭中已測驗出來，宋故無力滅遼，遼亦因人口不多不能長期侵宋，且遼鎮壓塞外民族，也要很大的兵力，故不得不與宋和平共存。

畢士安於澶淵之盟後不久就死了。《宋史》本傳說他為官清廉，「雖身為輔相，然四方無田園居第，沒未終喪，家用已屈。」故真宗讚之曰：「畢士安善人也……有古人風。」

寇準為人在私生活上亦與士安異趣。他生活相當豪奢，好酒使氣，對出處去就之間，亦頗欠講求。當時名士張詠即曰：「寇公奇才，惜學術不足耳！」這裡學術二字，實亦含有做人的修養在內。《宋史．寇準傳》載：

> 景德三年二月，寇準罷相出知陝州，張詠自成都還，準出送之郊，問曰：「何以教準？」詠曰：「霍光傳不可不讀也。」準莫喻其意，歸取傳讀之，至「不學無術」，笑曰：「此張公謂我也。」

這是一段很有趣的插話。寇準後來二次入相，果陷入朱能偽造天書及丁謂與宦官弄權的政爭漩渦中去。《宋史》載真宗天禧三年再召寇準入相，門人為之劃策曰：

「公若至河陽，稱疾堅求外補，此為上策；倘入見，即發朱能天書之詐，斯為次也；最下則再入中書，則大喪平生矣！」

蓋此時真宗方迷信神道，僞造天書，舉國上下皆不以為然，此王欽若輩得意之時，以寇準當年的英風，實不應於此時再入朝為相，故其門弟子惜之，謂之為「大喪平生」。然準不聽忠諫，二次入閣，遂深陷危機。後果遠竄雷州半島，丁謂且欲置之死地。《宋史》載，準之由道州再貶雷州，中使故以囊裹劍掛馬頸上，示欲斬準，欲使其聞之自盡。準時與人飲宴，神色自若，中使至，準徐曰：「朝廷必欲準死，願見敕書。」中使不得已與之，乃再貶雷州之命。準乃起拜，借友人綠袍，袍短及膝，準著之拜舞而去，立即登程（見「建炎繫年要錄」引）。後丁謂亦貶海南，經過雷州，準以羔羊迎之境上。家僮欲殺謂報相陷之仇，準閉門縱博，俟丁謂過境乃罷。從上舉二事，猶可想見寇公英氣未減。按後世人物之遭遇有與寇準相似者為明之于謙，然于公被殺而寇公能全者，乃宋太祖不殺大臣之制度使然也。

宋仁宗朝的人才與士氣

一、泛論

宋代自太祖尊敬讀書人，太宗崇尚文教，真宗與遼訂「澶淵之盟」形成長期和平之局，經此三世，宋代文化發達，文風昌盛，至仁宗時，為一成熟時期，濟濟多士，人才輩出。前期的士大夫如李迪、王曾、呂夷簡，猶有初年篤實之風。新起的如范仲淹、韓琦、歐陽修、文彥博、富弼等，則為書生政治家，他們好為議論，然亦有治國用兵及出使交涉的才能。後起的為司馬光、曾公亮、呂誨、蘇軾、蘇轍等人，他們是文章宗匠，一代儒臣。他們有的老成練達，有的簡要清通，眼光遠大，重視世道人心與風俗教化則相同。王安石原也是仁宗朝後起的書生政治家之一，但到他已走入極端，自為聖人，而想託古改制，變更一切了。

宋代的文臣，初年的趙普、寇準、王旦等都是做而不説的。太宗時的張齊賢，真宗時的錢若水、孫何等，雖亦常上書言事，但多是就事論事，不為高論。至范仲淹、歐陽修等人士，始好為激切深刻的議論。如仁宗的慶曆黨爭，英宗朝的濮議，神宗朝的變法，可以説都是書生之爭。然卻由此引出呂惠卿、章惇、蔡京等奸險人物乘間而起，而宋朝亦終受其害。這如明代史論家張溥所説：「國家之事，一變而為議論，再變而為意氣，三變而生死禍福生焉！」正道出宋代書生政治的流弊。

二、早期的直臣

仁宗初立，劉太后垂簾十餘年，明智英斷，史稱賢后。按劉后本成都歌女，出身微賤，性情又警敏，得勢之後，很可能流於邪惡猜忌的。但后垂簾十一年，並無失政之處，這是因為當時政風善良，正人在朝，宰相有權，起了制衡作用之故。《宋史紀事本末》載：

太后嘗問參知政事魯宗道曰：「唐武后何如主？」對曰：「唐之罪人也，幾危社稷。」后默然。有小臣方仲弓請立劉氏七廟，后問諸輔臣，眾不敢對。宗道獨進曰：「若立劉氏七廟，如嗣君何？」乃止。后常與帝同幸慈孝寺，欲乘輦先行，宗道以夫死從子之説爭之，后遽命輦後乘輿。左右用事者多憚宗道，目為魚頭參政。

北宋在神宗變法之前，政治上直道尚在，正人被尊重，傾軋之風未成，故魯宗道能行其道。否則以母后之威，左右用事者欲去之甚易，何懼於魚頭參政？

按《宋史．李宸妃傳》載仁宗本為宸妃所生。生仁宗時，宸妃方為劉后侍兒，劉后乃奪為己子。後李氏死，太后欲以宮人之禮喪之於外，宰相呂夷簡奏請禮宜從厚。太后遽引帝起，有頃復立簾下，召夷簡問曰：「一宮人死，相公云云何也？」夷簡曰：「臣待罪宰相，事無內外，皆當預也。」后怒曰：「相公欲離間吾母子邪？」夷簡對曰：「太后不欲全劉氏乎？尚念劉氏，則喪禮宜從厚。」后悟。乃以一品禮殯之。

從上所引二事看來，劉后亦有一般女子的缺點，如經小人慫恿，並非不能為惡。他之所以終成賢后，乃是因當時朝臣正直，政風善良，正論得以申張之故。宋太祖尊禮士大夫，培養士氣之功，至此而獲實效。吾人不可因宋代武功不振，即輕視宋朝。宋代長期太平，文風禮教之昌盛，只有周代可與相比。

且君子小人之分，就在前者眼光遠大，對於一件事情，能看出大利大害；後者識見短淺，只能看見個人眼前的小利小害。人總不免有偏蔽自私的時候，在朝當權的人，尤其如此。所以自古賢者均注重集思廣益，取其能有所參考與制衡作用。人主有時違心接受了較有遠大眼光的意見，初時或不免忍恨於一時，但日子久了，看出它的大利，慢慢地自己亦養成遠大眼光，信任有識見人物，而同化於賢人君子之中了。這就是「風氣」的作用。風氣好，雖小人能變為君子；風氣壞，雖君子亦可變為小人。司馬光在《通鑑》論中一再提及風氣，即因深會此旨。《宋史．后妃傳》載劉后晚年有兩件事很有意味：一為三司使程琳獻武后臨朝圖，后擲於地曰：「吾不作此負祖宗事！」又一為漕使劉綽還西京，言在庾有賸糧千餘斛，乞付三司。后曰：「卿識王曾、張知白、呂夷簡、魯宗道乎？此四人者，豈因獻羡餘進哉！」劉后此時，已同化於賢人君子之中了。故明代張溥謂「賢人君子於宋為獨多」。而在宋朝，則又以仁宗時為最盛。劉后以上所稱四人，均是仁宗初年的賢佐，他們尚有宋初實際政治家的風格。

三、輿論與朋黨

為有良好的政治，須有健全的輿論以資惕勵，這是近代民主政治的理論，我國古時也懂得這一道理。古時朝廷設諫官，求直言，開士民上書之路，都是重視輿論的表現。宋太祖有不殺大臣及諫官之遺訓，故宋朝的士大夫地位尊崇，輿論特盛。如宋仁宗慶曆年間，呂夷簡為相，因在位日久，不免有因循專斷之事，史稱「進用多出其門。」於是范仲淹上書指夷簡過於專斷。夷簡則斥仲淹引用朋黨。

仲淹雖因此被貶，但集賢校理余靖，館閣校勘尹洙，相繼上書為仲淹辯護，二人亦皆遠謫。歐陽修且為此事寫信責司諫高若納謂「仲淹無罪被逐，君不能辯，猶以面目見士大夫，出入朝中，不復知人間有羞恥事！」歐亦因此被貶為夷陵令。於是館閣校刊蔡襄，作四賢一不肖詩，以譽仲淹、余靖、尹洙、歐陽修；而貶司諫高若納。此詩一出，史載都人相與傳寫，書商市之得厚利，契丹使至，買以歸，張於幽州館。

從此事我們可以看出當時汴京士大夫言論自由的程度。宋代的制度，士大夫在朝與皇帝宰相意見不合，則貶到外面任地方官，成為在野人物，遇有機會，朝廷仍可將其召回重用，在政治上頗能收到互相制衡、新陳代謝之效。當時朋黨論大起，執政派的領袖呂夷簡，用以攻訐范仲淹、歐陽修等人。仁宗下詔嚴禁，然在宋朝那種士大夫政治之下，朝臣朋黨的形成，已不可免。不過那時所謂的朋黨，只是志趣相投的人自然的結合，並不是有組織的政黨。歐陽修為此曾上朋黨論，謂朋黨有君子小人之分，是自然形成的，人君只要用君子之黨，去小人之黨，則天下治矣。慶曆四年，范仲淹亦上言，謂自古以來，邪正在朝，各為一黨，不必禁止。宋朝至仁宗時，宰相有權，士大夫敢言，已有近代責任內閣、政黨政治的意味。設使後來無金元等塞外民族入主中夏，我國也許可以由士大夫政治，進而自動創出立憲政體也未可知。

四、呂夷簡與范仲淹

仁宗在位四十年，是宋代極盛時期，初年的一切設施，都於此時開花結果。然由於太平日久，政治上不無因循之病，而新起的士大夫，書生氣重，不滿現狀。「先天下之憂而憂，後天下之樂而樂，」范仲淹此語，正足代表當時新起的士大夫的抱負。故在慶曆黨爭中，新派實以范仲淹為首，韓琦、富弼、歐陽修等為輔，與當時的宰相呂夷簡對立。其實兩派都是君子，他們有政見衝突處，亦有和衷共濟時。而仁宗亦會用人，對兩派相互任用，並不偏袒一方，與神宗之用王安石不同。然呂范二人中，呂夷簡尤為偉大，他當時雖處在仲淹等攻擊之中，但他始終以長者自居，有愛護後輩的意思。這可能因呂夷簡已看出范仲淹等本質上都是正直的人，態度激進，好事敢言，正是年輕人應有的態度，觀後來在鄭州與范仲淹的談話，夷簡當時或已認識到此點。《宋史紀事本末》載：

> 元昊反，除范仲淹為龍圖閣直學士，與韓琦並為陝西經略使。初仲淹與呂夷簡有隙，及議加職，夷簡請超遷之。上悅，以夷簡為長者，喻仲淹使釋前憾。仲淹頓首曰：「臣向所論者國事，與夷簡無憾也。」

從這一事看，雙方的爭執都是為公。古時藺相如有「先國事後私仇」之言，范呂諸賢之間，可以說根本無私仇，所謂慶曆黨爭，都為國事，這與末年章惇、蔡京輩假公濟私的黨爭更不相同了。又韓琦好水川之敗，仲淹在延州與元昊通書議和。元昊來書侮嫚，仲淹當眾焚之。呂夷簡謂宋庠曰：「人臣無外交，希文乃擅與元昊書，得其書又焚不奏，他人敢爾邪？」於是朝議以為仲淹當斬。杜衍曰：「仲淹志在招叛，未可深罪。」帝以問夷簡，夷簡曰：「杜衍之言是也。」可見其器度大，不乘人之危，此點亦與仲淹同。故《宋史・夷簡傳》謂：「仁宗初立，太后臨朝十餘年，天下晏然，夷簡之力為多。」又說他「當國柄最久，雖數為言者所詆，帝眷倚不衰。然所斥士，旋復收用，亦不終廢，其於天下事屈伸舒卷，動有操術。」這是讚美他用人行政極有彈性，不記私仇。且夷簡少仕真宗朝，即曾建議取消農具的「筭錢」（貨物稅），謂「農具有筭，非所以勸力本也。」後又奏請暫緩京中興建寺觀的力役，以解民困。這都是極識大體的建議。真宗勉之曰：「觀卿所奏，有為國愛民之心。」

在識大體與為國愛民上，呂夷簡與范仲淹也是相同的。只是夷簡的器度大，作事寬和，近乎仁；仲淹的性情剛，作為較為急切，近乎義。仲淹為秘閣校理時，即曾上書請劉太后還政，後又諫太后不應令天子率群臣在正殿為太后拜壽，應於宮中行家人禮。這都是言人所不敢言，是正義的表現。及劉太后崩，往日不敢說話的人，多暴露太后的短處。仲淹獨曰：「太后受託於先帝，調護陛下者十餘年，宜掩其小故，以全后德。」仁宗乃下詔禁中外論太后時事。這些地方都可見仲淹為人。

計《宋史》上所謂「慶曆黨爭」，大部分是范仲淹與呂夷簡之爭，其較大的事情，除上面所述者外，尚有以下二事：

㈠論建都　仁宗時，遼人又有南下之謀，仲淹以洛陽險固，而汴京為四戰之地，太平宜居汴，有事必居洛陽。平心而論，這是仲淹的遠慮。而呂夷簡則指為迂闊，並謂遼人畏壯悔怯，宜營大名府，示以進取之意。帝從夷簡議。其實二謀各有所長。夷簡之謀利在應付眼前的危急；仲淹的謀劃則為國家長久之計。

㈡廢郭后　仁宗郭后因與尚美人爭寵，以手批其頰，誤傷帝頸，仁宗欲廢之，以爪痕示執政大臣。呂夷簡贊同廢郭后，並舉漢光武因皇后怨懟而廢之為例。（《宋史》謂夷簡與郭后有私嫌，故主廢后。且請閉閤門，不使群臣進諫。）范仲淹、孔道輔時為諫官，詣閤門請進諫，謂不應以小過廢皇后，仁宗不聽，貶道輔等。

據上引廢后之事，可見呂夷簡在位日久，做事確有專斷的地方。又據蘇舜欽、葉清臣等上書，謂夷簡晚年，舉荐人才，皆舉不如己之庸才；諫官皆用「溫和軟懦無骨鯁敢言之氣」的人。用土達為轉運使，所至苛虐。更加以進用冗濫，所引新人多為人品卑劣、行事猥瑣、不學無術之輩。這種情形，正是太平日久的通病，看在才高識遠，心熱志潔的范、韓、歐、富、蘇、葉諸人眼裡，實在看不下去，他們不能不言。言之足與日漸腐化的朝政以清醒作用，這正是宋太祖培養士氣的目的。然清初王船山《宋論》一書，則對范歐諸人之攻擊呂夏頗有微詞。其評語有云：「投滴水於浮油，焰發而莫之能遏，然則呂夏固不足以禍宋；而張逐虎之網，叫呼以爭死命於鹿兔，何為者邪？……」這是說他們小題大作。然當時內侍閻應文竟敢進毒害死郭后。夏竦為人奸虐，在軍中好濫殺，本傳說他為官故意使僚屬分成派系，他好從中駕馭，雖對家人亦如此，其為人之陰私可知。再加以呂夷簡在位日久，行事專斷，朝廷有君弱臣強之勢。以如此情形，如無仲淹劾應文之罪，竄之嶺南；諸賢剴切進言，請革積弊，並請罷夏竦樞密使；日久之後，未必不足以禍宋的。仁宗時另一正直的官吏包拯，專為民間除弊政，打不平，遂得享名於當時，留芳於後世。而為朝廷除弊政，為國事打不平的范仲淹反不如他，亦覺可憾。且仲淹、韓琦等才兼文武，出將入相，經營關陝，抵拒元昊。仲淹更安貧樂道，風節矯然，為天下仰慕。他不僅身為將相，且為一代師表，是一個把學行合一的人物。韓琦器識偉大，後來受兩朝顧命，輔立新君（英宗、神宗）於艱危之際，調護英宗母子不致失和，甚得大臣體；晚更安撫河北，鞏固邊防，真是一代重臣。且仁宗時儒臣，為官均甚清廉。內中尤以范仲淹、司馬光、包拯為最，後世人只知推許王安石廉潔，不知此正是當時士大夫的風氣，不僅安石也。《宋史．忠義傳》序曰：「真宗之世，田錫、王禹偁、范仲淹、歐陽修、唐介諸賢，以直言儻論倡於朝；於是中外名節相高，廉恥相尚，盡去五代之陋矣！」蔡襄以仁宗初年入仕，其《廢貪贓》一文中有云：「于今三十年矣，當時仕宦之人，稍有節行者，皆以營利為可恥。」王安石作《吳處士墓誌銘》有云：「或勸之謀利，曰『吾貧久矣，人以我為憂，而我以是為樂，不能改也。』」可見當時朝野上下清廉知恥已成風氣。士風如此優良，實令後世景仰不置。

《宋史》載，呂夷簡死，仁宗為之涕下，曰：「安得憂國忘身如夷簡者！」為書「懷忠之碑」以獎之。范仲淹死，帝亦嗟歎久之，為書「褒賢之碑」。仁宗的長處，就在他能不偏於一方，兼聽善用，使朝政有新陳代謝的作用。雖王船山《宋論》，只從經濟觀點讚美仁宗，謂仁宗曾令人航海往占城（今越南）買早稻種分發天下農民播種，從此江南成為米鄉，有大德於天下，堪與后稷比美。然仁宗的用人行政，長使賢人在朝，士大夫敢直言，尤足稱美。雖有元昊之叛，契丹增幣，不足損其盛世之譽。即朋黨之爭，在仁宗運用之下，亦未走入極端而終能相成相濟，這是仁宗治術的成功。

五、范韓的改革

慶曆三年三月，呂夷簡罷相。范仲淹、韓琦、富弼，同時執政。歐陽修、蔡襄、余靖同為諫官。在野諸人同時上臺，極一時人才之盛。國子監石介為此作長詩以頌之。史稱「帝銳意太平，數問以世事，並為之開天章閣召輔臣條對。」蔡襄上言曰：「陛下罷夏竦而用韓琦、仲淹，士大夫賀於朝，庶民歌於路……且退一邪，進一賢，豈關天下輕重哉？蓋一邪退，則其類退；一賢進，則其類進。眾邪並退，眾賢並進，海內有不泰者乎？」

仲淹執政以後，上《十事書》以改革庶政，內分：明黜陟，抑僥倖，精貢舉，擇長官，均公田，厚農桑，修武備，推恩信，重命令，減徭役等十項。內中尤以修武備以固邊防一事言之最切。韓琦亦上安邊十三策，仁宗均予以採納施行，朝政為之一振。且仲淹行事態度審慎，曾語人曰：「事有先後，久安之弊，非朝夕可革也。」又因他們都是自愛的書生，怕得罪人，故於執政年餘後，因用人選擇太嚴及更改「磨勘」、「蔭子」二法遭到毀謗，遂與韓琦、富弼等同時請求外調，未敢堅持下去。這一點有人認為是仲淹等的弱點。但王船山卻認為幸而他們「持之不固，否則為患天下者，豈待熙豐哉！」這觀點有商酌的餘地，因仲淹等的改革，只是為了防患救弊，並未全違祖宗成法。所用之人及所採用的手段亦與王安石不同。這與神宗熙寧年間所標榜的「大有為」的主張，更不可同日而語了。

《宋史紀事本末》載：

仲淹辭執政，赴陝，過鄭州。時呂夷簡已老，居鄭，仲淹往見之。夷簡問：「何事遽出？」仲淹曰：「暫往經撫兩路，事畢即還。」夷簡曰：「君此行正蹈危機，豈得再入！若欲經營西事，莫如朝廷為便。」仲淹愕然。仲淹既去朝，攻者益急，帝心不能無疑矣。

從這段談話中，我們可以看出范仲淹的行政經驗與作事的毅力都不如呂夷簡。夷簡認為范仲淹在朝廷信任未衰之際，不可一有怨謗，即行引退。他這番話，似對這位繼承他執政的人物有惋惜之意。然范仲淹治事用兵，有諸葛武侯之才，忠貞亦如之，只是器量略狹，是其缺點。他與夷簡在朝為國事而爭，罷政後卻又彼此互相訪問、關懷，亦與末年誣蔑、陷害之風大異其趣。

最後引范仲淹上書的一段，以見其「憂天下」之所在。他說：「聖人之憂天下也，文經之，武緯之，相濟而行，不可須臾去焉。」這是糾正宋代重文輕武之弊的。又說：「今自京去邊，並無天險，釁端忽作，戎馬一縱，信宿千里……願與大臣論武於朝，以保天下。先命大臣密保忠義有謀之人，授以方略，委以邊任；次命武臣密舉壯勇出群之士，試以武事，遷其等差；至於塵埃之間，豈無壯士，宜復唐之武舉，則英雄之輩，願在轂中。此居安思危之備，備而不用，國家之福也。」從末數語可以看出范仲淹之審慎不同於王安石之狂妄。更可知其所謂「先天下之憂而憂」，仍然是憂的國家邊防不固。

書生政治家，至仁宗時范、韓、歐、富、司馬光、三蘇等為人才之極盛。這是百年養士所培植出來的。他們在仁宗時，代表革新力量與行將腐化的舊朝臣爭。在神宗時，又代表穩健派與變法諸人爭，使國計民生不致太受過激派的摧殘，他們已盡了應盡的責任了。「言大而無實」，「智小而圖大」，這是王船山對王安石與宋神宗的批評，然這種態度，也正是書生政治可能有的發展。故宋代的政治，仁宗朝是一轉捩點，太祖太宗的重文之風，至此時收到實效，然亦啟後來的弊端。

神宗變法與對風氣的影響

宋太祖崛起五代之後，統一中國，創立法度，曾謂輔臣趙普曰：「吾所創之法度，子孫若能守之，雖百世可也。」何以至神宗熙寧年間，所歷不過三世，神宗就非變法不可？自來論者均謂宋代積弱，北有遼夏，兵冗民貧，財政不足，邊防不固；又謂太宗北征，敗於高粱河，兩股中箭，後終因箭創復發致死，神宗思有以報之。然而這兩點原因，真宗、仁宗之世，何嘗忘懷？所以不實施征伐者，因知當時情勢有所不可也。蓋我國塞外蠻族，周秦漢唐之時均尚是遊牧部落時代，此即宋神宗所謂：「古時北方但有行國，而無坐國。」這與遼金之深受漢化，知道運用謀略者不同。且即在周漢二代，西周雖有文武成康之盛，但傳至幽厲，即為西戎所破。平王東遷，無異於宋之南渡。漢高祖以一代雄主，但當親征冒頓失利之後，立即改變政策與匈奴和親。文帝之時，胡騎入侵，常直薄長安城下。唐初之與突厥，情形亦正相似。何以後世不說周、漢、唐為積弱？蓋以當時北方蠻族入塞，只為擄掠，無政治野心，日後終為中國征服之故也。

東漢時四方無強寇，以和帝之幼年短祚竟能做到「偏師出塞，則漠北地空；都護西指，則通譯四萬。」而當時出師的竇憲只不過是一個當權的外戚；西使的班超只帶了三十六人。二人均能立大功於當時，享大名於後世，這些人的才力豈真高於宋初君臣？正如范曄《後漢書》上的評語：「服叛去來，自有數也！」

隋唐統一中國，盛極一時，南、北、西三面已無敵國，但為征一東方的小國高麗，隋煬帝傾全國之力，幾次不能成功，終因此招致內亂。唐太宗亦曾親征失利。直到唐高宗時，用水陸俱進之策，方將高麗征服。可見「坐國」之難伐。所以到了宋代北方已有了深受中國文化影響的大國契丹（這自然是由於中國長期紛亂予以機會），正如蔣復璁先生在《宋史新探》中所云，「中國歷史至宋已大變，中國不再是中國，中國有了外交，大宋與大遼和平相處了一百十年左右」，在這樣的情形下，如果還想效法漢武帝之富國強兵，大張撻伐，驅北敵於沙漠，雖非全不可能，至少要俟他們內部已有衰亂之象，方可進行；否則也像齊宣王與孟子所說的「大欲」，行之不僅無益，且有後災。且遼在北方，對中國固不免為一威脅，但亦有屏藩中國北邊的作用，此所以宋世老成持重之臣皆不願輕啟邊患，後來遼亡，金兵即大舉南下，可以見其作用。

所以宋神宗的變法，並非如後世有些史家所謂是因當時宋朝已積弱不堪，有傾覆亡國之虞，而是因為宋代自澶淵之盟到神宗時，長治久安，已歷四代，國力漸豐，靜極思動之故。其次可能是受自仁宗以來，士大夫言變法的影響。每一朝代，到治平日久之後，總有些弊端發生，如官吏的冗濫，財賦不足，軍隊的缺乏訓練。而最大的危機，正如蘇軾在《教戰守策》一文中所說的久處太平的人民均「知安而不知危，能逸而不能勞！」在這種情形之下，一旦天下有變，未有不土崩瓦解的。此病無以名之，只好名之曰「太平病」。唐之天寶，宋之宣和年間的情形就是如此。所以遲緩一點的人，如邵雍者在神宗之世，尚有「身經兩世太平日，眼看四朝全勝時」之讚美。而敏感的讀書人，如范仲淹者，當仁宗慶曆盛世，已感到先天下之憂而憂了。後來仁宗亦曾勵精圖治，起用范仲淹、富弼等新人，委以政事。仲淹上《十事書》，以後富弼及韓琦亦上書言時事及安邊十三策，大略首重邊防，其次以進賢退不肖，止僥倖，去宿弊，任用人才，澄汰部吏為言。當時因仁宗寬和，呂夷簡在相位日久，仕途上請託奔走而僥倖出身的人很多，書中有「抑僥倖」的建議，這是當日的弊政。其餘各點，均是行政上時時應注意，永遠做不完的事。在朝的呂夷簡認為當時「四方已寧，百度已正」，反對他的范仲淹等則認為可危之處甚多。這正如漢文帝時，正是漢之盛世，而賈誼在《治安策》中，則認為當時情形已堪痛哭流涕了。書生多喜危言聳聽，而且越是太平時代，大家對政治上要求改革的願望越多。崇尚文教、尊重士大夫的宋代，書生放言高論，侈言改革，更是必然的事。仁宗嘉祐年間，王安石也上書言改革，所陳更高，竟以堯舜三代為言。幸仁宗為人穩健通達，對保守與革新兩派人物均能與以適當的任用，不偏於一方，且屢下詔戒朝臣朋黨，使其不致過於對立與意氣用事。故終仁宗之世，朝政無大變革。神宗幼年，正處在這太平日久，年輕的士大夫，高談闊論的時候，他可能早受影響，而同情改革諸臣，對變法已有成見了。且漢自高、惠、文、景五傳至武帝而想「大有為」，對內罷黜百家，獨尊儒術，興禮樂制度；對外大舉討伐匈奴。宋自太祖、太宗、真宗、仁宗、英宗六傳至神宗（內英宗在位短，等於五世）亦想效法漢武帝、唐太宗的「大有為」。可惜時非漢唐，神宗的才識亦不逮唐宗、漢武，所任之王安石、呂惠卿等又非其人，故宋的變法，收益甚少，而不良的影響卻極大。然宋代變法的責任，總得教神宗自己來負，後世將責任全推在王安石身上，亦不公平。安石之變法，是逢迎神宗的意志。神宗於即位之初，已與王安石明言欲效漢唐之「有為」，則其變法目的非僅為救亡圖存，亦有好大喜功之意，是宋代發病的徵候，非振作的機運。又用了好高騖遠有點狂妄氣質的王安石，於是變法更離開現實目的，而走入動搖國本之途了。

宋《王銍默記》載：

神宗初即位，慨然有取山後之志，滕章敏首被擢用，蓋欲委滕公以天下事也。一日語及北邊事。曰：「太宗自燕京城下兵潰，北人追之，僅得脫。凡行在御服寶器，從人宮嬪，盡陷沒。股上中兩箭，歲歲必發。其棄天下，竟以箭創發云。蓋北人乃不共戴天之仇，反捐金繒數十萬以事之，稱之為叔父，為人子孫，當如是乎？」已而泣下久之，蓋已有收北邊大志，章敏公為先子言。

據此知神宗之「有為」，主要是想滅遼滅夏。故欲效法唐太宗。熙寧元年，神宗問王安石曰：「唐太宗如何？」安石曰：「陛下當法堯舜，何以太宗為哉！」以宋代的國力與環境，努力作到效法唐太宗的地步，已經不易，而安石更唱高調，上稱堯舜，則頗有不切實際之譏。古人謂神宗變法誤於王安石，安石誤於呂惠卿，不無道理。蓋神宗用安石變法後，各政同時並舉，反將收復北邊的目標分散了。且神宗雖有收復大志，但卻不敢輕易毀約發難。《宋史・仁宗・曹皇后傳》載：帝（神宗）嘗有志於燕薊，已與大臣定議。曹太后阻之。且曰：「事體至大，萬一不諧，則生靈所係，未易言也。苟可取之，太祖，太宗收復久矣，何待今日！」曹太后為曹彬的孫女，甚賢明有決斷，有將門之風。這幾句話對神宗的影響很大，如神宗真的伐遼，後果必不堪設想。變法期中在河北增三十七將，河東沿邊增修戍壘，河北諸州築城鑿池，已引起遼之疑慮，派使臣林牙、蕭禧來交涉，並要求重立界至，且堅持代州山後一路（今山西北部）以分水嶺為界。神宗至此反而不敢拒絕遼之要求，派人反復交涉無效，最後接受王安石「欲將取之，必姑與之。」的建議，割地七百里（指東西長度）與遼，我想遼這次不承認舊約，堅持以分水嶺為界，或意在試探宋朝君臣的態度，及至獲得割地，可能有「不足畏矣」的感覺，以後對宋的變法，也就不放在心上了。據《宋史紀事本末》載，神宗幼年，遼建大同為西京，境內共有五京、六州，軍城一百五十六、縣二百九、部族五千二、屬國六十。東至海，西至金山，及於流沙；北至臚朐河，南至白溝；幅員萬里。像這樣的大國，無故而想討滅之，是不可能的事。

當遼使與宋議疆界於境上時，神宗亦頗感事態嚴重，曾手詔巡守河北諸大臣韓琦、富弼、文彥博等條陳代州事宜以聞。韓琦因應詔上書云：

臣觀近朝廷舉事，似不以大敵為𨸏，彼見形生疑，故引先發制人之說，造為釁端……始為陛下謀者必曰：「自祖宗以來，因循苟且。治國之本，當先聚財積穀，募兵於農，則可以鞭笞四夷，復唐故疆。」故散青苗錢，為免役法，置市易司，次第取錢，新制日下，更改無常，而監司督責，以刻為明，使農怨於畝畎，商歎於道路，長吏不安於其職，陛下不盡知也。夫欲攘四夷以興太平，而先使邦本困搖，眾心離怨，此則為陛下始謀者大誤也……

韓琦這次上書，還列舉朝廷舉事所以使遼生疑者七事：為通朝鮮，征吐番，種榆柳於山西，辦保甲，河北諸州築城鑿池，頒弓矢新式，大作戰車，置河北三十七將。從以上各事，更可窺知神宗變法的真正目的只在開邊滅遼。但對實力既乏自信，決心也不夠堅定，及至一遇上實際的問題，則又頗有惶懼不安之感，最後仍不免於屈辱割地，所謂「將欲取之，必姑與之」的說法，只不過聊以自慰而已。然這次變法，使數十年不知戰陣的河北諸州的軍民，重新振作一番，於防禦上應當是有益的。以上是神宗變法期中對遼的情形，現在再看對西夏如何。

西夏與宋的關係，與宋遼的關係不同，西夏自唐五代以來，即為中國藩鎮，夏主李繼捧在宋太宗時本已內附親自入朝，獻地與朝廷，綏夏一帶，本可從此無事。只因地處邊遠，民風強悍，不久其族弟李繼遷又叛（我疑心可能有遼人從中鼓勵），從此叛服無常，但名義上，除元昊稱帝數年外，均仍為中國藩屬，與宋遼之為平等敵國者不同。

神宗既有意開邊，西夏自亦在計畫之內，熙寧四年，王安石執政時，即曾請求親自去行邊，韓絳以朝廷方賴安石，請派他去。乃以絳為陝西宣撫使，開府延安，指揮軍事。《宋史紀事本末》載：「絳素不知兵事，措置乖方……」於是遂有守將种諤等撫寧之敗。絳貶鄧州。這是一次小失利。

《宋史》載元豐四年，知慶州俞充知帝有用兵意，屢請伐夏。這年七月帝召邊將种諤入對，諤言：「夏國無人，其主秉常孺子，往持其臂而來耳！」帝壯之，乃決意西伐。以上二人，可能與當時朝中主持變法的人一樣，都不免有迎合帝意，行險僥倖之弊。《宋史紀事本末》載有神宗與朝臣孫固、呂公著討論此事的經過，頗值得玩味，玆引如下：

帝決意伐夏，方議出師，孫固諫曰：「舉兵易，解禍難，不可。」帝曰：「夏有釁不取，則為遼人所有，不可失也。」固曰：「然則孰為陛下任此者？」帝曰：「朕已屬李憲。」固曰：「伐國大事，而使宦者為之，則士大夫孰肯為用？」帝不悅。他日，固又曰：「今五路進師，而無大帥，就使成功，兵必為亂。」帝諭以無其人。呂公著進曰：「問罪之師，當先擇師，既無其人，何若已之。」

帝不聽。竟命李憲督熙河（今青海）、環慶（今甘肅）、涇原、延鄜（上二路均在陝北）、河東（山西）五路大軍伐夏。自西南而東北，對夏採半月形三面進攻，兵勢甚壯，自太宗命曹彬等伐遼之後，無此大舉。神宗變法多年，能有力出師征伐，在財賦上必有收穫。然至此時竟然找不出一位統帥之才來，致不得不用宦官統兵，可見變法對擇才與軍事上並無多大貢獻。將帥無人，如何能完成征伐大業？人才是一切的基礎，神宗雖有大有為之志，而於識拔人才上有缺陷，其不能成功，可以預卜！這次的五路進軍，由於夏人採取堅壁清野的政策及李憲的後期不至，雖有四路攻至靈武，終皆因糧盡，戰敗無功退還。損失兵員甚眾。神宗至是始有悔意，覺得孫固慎重之言可貴。這次出師不利的諸將都治罪，惟原諒了李憲，蓋仍有用其再舉之意。《宋史紀事本末》載元豐五年五月，李憲又乞再舉伐夏。帝以訪輔臣，王安禮以為今距出征之期只兩月，恐軍需籌備不及。帝曰：「唐平淮蔡，惟裴度謀議與主同。今乃不出於公卿而出於閹寺，朕甚恥之！」安禮曰：「淮西三州耳，有裴度之謀，李光顏、李愬之將，然猶引天下之兵力歷歲而後定。今夏氏之強，非淮蔡比，憲才非度匹……臣懼無以副聖意也。」這一段話也很值得玩味。蓋西夏雖小，自元昊以來，即勇敢善戰，足智多謀，且四周有沙磧作屏障，慣用誘敵深入，加以伏擊圍殲的計策，歷來不僅宋兵伐夏無功，即遼帝二度親征，亦終被其擊敗。宋、遼、夏實有新三國之勢。神宗未能認識此點，而輕言征伐，未免太主觀了。由此可見當時朝臣之言變法，邊臣之言開邊，都是迎合神宗的意旨做的，並無戰勝的把握。後來种諤又上「興功當自銀州始」的策略，神宗遣內侍李舜舉與給事中徐禧往經略，徐禧建議築永樂城（在今陝北米脂西）以制夏。這次夏人卻主動進攻，徐禧指揮失當，大敗城陷。徐熙、李舜舉皆死，將校死者數百人，喪士卒役夫二十餘萬，帝聞之痛悼，不食。《宋史》載伐夏前後「靈州、永樂兩次戰役，官軍及民兵死者六十萬人，錢穀銀絹損失不可勝計。秦晉亟困。」

《王銍默記》載：「永樂、靈州之敗，帝鬱鬱不樂者尤甚，蓋傷聖志之不就也。」蓋神宗為人，有效唐宗漢武之志而無其雄才大略，尤其在識人、用人上大有問題，專用王安石變法盡斥穩健舊臣已非善計，而命將出征則任用宦官，變法圖強則專用利臣，遂使小人競進，賢人遠引，破壞了宋代善良風氣，形成冤結難解的黨爭，使朝政日非，不可收拾。一個國家，建立起一定的軌道與風氣最難，如果為解決枝節問題而破壞了根本，那就是亂階了。如前引韓琦應詔上書，已有「邦本動搖，眾心離怨」之歎。蘇軾亦上書請朝廷「結人心，厚風俗，存綱紀」，謂「如圖一切速成之效，恐未享其利，澆風已成！」司馬光、呂誨等人，亦屢諫神宗變法不可太急，應注意對風氣人心之影響。劉摯更預言「漢唐黨禍必起。」宋代從神宗用王安石變法後，風氣確變壞了！然宋世君主因逼於時勢，因循保守者多，至南宋高宗竟不惜向金人屈膝求和，若神宗之一意振作，在宋帝中堪稱鳳毛麟角了。如果神宗時能有岳飛、韓世忠那樣的將，李綱、張浚那樣的相，則將大有可為。惜英傑隔世，有君無臣，或有臣而不能用，為可惜耳。考神宗在位十八年，變法之意趣始終不衰；一切制度，無所不變；惟對宋世之不信任將帥與用宦官統兵二大弊病，則不僅未改，反而加重，亦可見神宗為人之才略，不足以濟其志了！王夫之《宋論》謂宋神宗「智小而圖大」，並非苛論。

從詩文及著作中看王安石

自古及今，關於王荊公（安石）的批評，總集中於兩極端，一是說他是奸邪，一是說他是聖賢，至今其論未定。然一個人的行為能被人看得如此矛盾，則其本人必有矛盾之處。王荊公—安石，就是一個充滿矛盾的才智之士。

由於才高故志大，由於志大故意驕。所以把一切較實際的意見都視為「流俗」，將反對他的人都斥為「四凶」，指賢人為奸邪，顛倒是非，啟小人傾陷之端。他雖得神宗信任，然不見有感激忠貞的態度，言談之間，儼然以帝王師自居。而除堯舜以外，歷代君相及宋代的列祖列宗又均不在他眼下，為人臣者高曠如此，自然不被視為一開創的聖賢，即將被視為奸邪了！

莊子在《天下篇》中批評墨翟云：「反天下之心，天下不堪，墨子雖能獨任，奈天下何？離於天下，其去王也遠矣！」又說墨子之道是「亂之上也，治之下也，雖然墨子天下之好也，將求之不得也，雖枯槁不舍也，才士也夫！」把這幾句話移用於王荊公也頗恰當，所以我稱王荊公為「才士」。在《辨姦論》中，看王荊公那種「衣臣虜之衣，食犬彘之食，囚首喪面而談詩書」的生活，實在也有一點墨家的精神。然墨子刻苦而謙虛，一貫。王荊公則刻苦而矜驕，矛盾，所以雖同為才士，但王荊公則不如墨子。

一、從幾首詩看王荊公

王荊公的詩，在宋代為一大家，其才華僅次於蘇東坡，他曾經有兩首明妃曲，轟動一時，和的人很多，歐陽修甚至於一和再和，但終不能及，其第一首云：

明妃初出漢宮時，淚濕春風鬢角垂；低徊顧影無顏色，尚得君王不自持。歸來卻怪丹青手，入眼平生幾時有？意態由來畫不成，當時枉殺毛延壽！一去心知更不歸，可憐著盡漢宮衣，寄聲欲問塞南事，只有年年鴻雁飛。家人萬里傳消息，好在氈城莫相憶，君不見咫尺長門閉阿嬌，人生失意無南北。

這首詩，感觸萬千，當是寄意之作。尤以「意態由來畫不成，當時枉殺毛延壽」二句有深意，發前人之所未發。然荊公的文，則不如詩清，作事更見矛盾。蓋宋朝自太宗右文，歷真宗、仁宗兩朝文風大盛，書生多而實際的行政人才缺乏。後人已謂宋人「議論多而成功少」。若其人再不能虛心，則更足害事了。又王荊公另有《詠張良》的七古一首云：

留侯貌如美婦人，五世相韓韓入秦，傾家為主合壯士，博浪沙中擊帝秦……固陵解鞍聊出口，捕取項羽如嬰兒。從來四皓招不得，為我立棄商山芝。洛陽賈誼才能薄，擾擾空令絳灌疑。

荊公讚美留侯能用兵用賢，貶賈誼不能與朝臣合作。然不幸他自己從政後，竟又遜於賈生，以致滿朝反對，舉國騷然。可見有些事作詩文議論是一回事，躬行實踐又是一回事，荊公的缺點就在自視太高，不能容物，把事情的施行也看得太容易，所以敢於「大言無忌」，各法同時並行，後果則未甚考慮及之。

本文不欲詳論王荊公各項變法的得失。我總覺得熙寧變法一幕，宋神宗才是主角。當時穩健的朝臣，不敢迎合神宗之意去大變、全變，他們怕動搖國本，影響人心與風氣，內中尤以司馬光與蘇軾言之最切。清儒崔述已看出王安石是為迎合神宗而倡言變法，故能大得神宗崇信。他雖標榜堯舜之道，然所行諸法，主要目的仍在為政府籌財，神宗的目的原就在此。然據《宋史》所載當時及後人的評論，得知王安石與呂惠卿等根據周官所訂的「均輸」、「市易」等法，理想雖高，但推行起來則極不容易，當時任三司檢詳文字的蘇轍、河北宣撫使韓琦，根據實情，對青苗、市易等法已有透徹的評論（見《宋史・韓琦傳》及《食貨志》），蓋司馬光、韓琦及蘇軾蘇轍兄弟均較有實際社會經驗。故均輸法，雖經神宗下詔公布而終未實施。市易法朝廷出了一百二十萬緡本錢，行了十五年，史稱「患被天下」，竟無利益。只有「青苗」「免役」二法雖當時反對者謂害民最甚，如蘇軾謂：「十餘年間，民因欠青苗錢至賣田宅，僱妻女，溺水死者，不可勝數……」免役錢，每户多者至三百千，不能謂不重。然朝廷在這兩項下可能真斂了不少錢，尤以免役錢收入最多。觀宋神宗後來兩次大舉伐夏，供應不缺可以測知。但有兵、有財何用？兩次出師，竟找不出統帥的將才，不得已只有用宦官李憲、李舜舉等統兵征伐。正如詩人蘇舜欽所詠：「國家防塞今有誰？官為承制乳臭兒！酣暢大嚼乃事業，何嘗識會兵之機……。」在仁宗時，已屢誤於用宦官統兵，神宗雖一意變法，仍不能去此大病。所以兩次伐夏都失敗了，損失兵員財物甚多，神宗致為之痛悼不食，憂鬱致疾。可見宋神宗與當時變法諸人最大的失敗還是在軍事上。自宋太宗以來，不信任將帥之風未改，二十年的變法未能培植起將才來，只在兵制上施行「保甲」、「保馬」等新法未足以救弊。這些改革至多能使兵源更新。然宋代的缺陷是有兵無將，及不信任將帥，這一缺點未改，則兵仍強不起來。王荊公當時如不高唱堯舜之道，而能效法漢唐，勸神宗培植起像漢之李廣、衛青；唐之李靖、徐勣，東晉北府兵統帥劉牢之那樣的將才，則神宗的「有為」或許不致如此落空。但本文不欲詳論此事，這自有《宋史》及歷代史論家的著述在，可以詳按。本文只在王荊公的個性與行事，對宋代風氣的影響上著眼。古人謂「宋神宗誤於王安石，王安石誤於呂惠卿，」這話或有些道理。像王安石所行各法之細則，其商人市儈氣之重，似亦非王安石所能想得出來，這一定是出身南方商港，泉人呂惠卿，援引曾布等新進訂出來的。正如劉摯上書所云：「二三年間，開闔動搖，無一民一物得安其所者。其議財則市井屠販之人皆召至政事堂；其征利則下至日曆官自鬻之，推此以往，不可究言……」蘇軾亦言：「三司條例司，使六七少年，日夜講求於內；使者四十餘人，分行營幹於外……」這些人，把宋朝的朝廷一變而為賠錢的國營大公司，而又標榜這是堯舜之道，無怪上下騷然不安了！其實朝廷籌款，不如老老實實增加稅收，一定要親自去作生意賺錢，與民爭利，在當時的情形下是行不通的。故變法的效果未見而澆風已成。

王荊公另有一首題杜甫畫像的詩，也可窺見荊公的抱負，詩云：

吾觀少陵詩，謂與元氣侔。力能排天斡九地，壯顏毅色不可求……惜哉命之窮，顛倒不見收，青衫老更斥，餓走遍九州……吟哦當此時，不廢朝廷憂。常願天子聖，大臣各伊周……所以見公畫，再捧涕泗流，推公之心也古亦少，願起公死從之遊。

荊公作此詩，所以見志。他如此推崇杜甫，對杜甫的「何不策高足，先據要路津，致君堯舜上，再使風俗醇。」四句詩一定是熟誦的；前兩句荊公可以說已經作到，其得用於神宗也，處處以「上法堯舜」相勸，可以說與杜甫的抱負同，但就差在最後一句——「再使風俗醇」。有此句，致君堯舜方有著落。杜甫之所以為通儒為誠實詩人者在此。王荊公忽落了這一點，則致君堯舜遂成空談，而澆風所趨，黨爭難解，至章惇、蔡京而更肆無忌憚。這真是差以毫釐，失之千里矣！如史載王荊公斥春秋為「斷爛朝報」，獨尊周禮；好為強辯，主張「一道德」（統制學術思想），「一風俗」（統制人民生活），熙寧五年京師置巡邏卒以察謗者，斥逐大臣，陷蘇軾，這都是有傷忠厚與足以破壞善良風氣的事，然荊公與變法諸人行之而不自知。其詩與其人何相去之遠邪？

二、從文章及函札中看王荊公

近人之推崇王荊公者，每常失其客觀立場，大有以今日荊公黨徒自居之勢，於是荊公斥當時諸賢為「四凶」，「共鯀」，彼亦從而斥之。然明代史論家張溥論此事曰：

王安石之名起於歐陽修、文彥博；盛於韓維、呂公著；一時名賢如周敦頤、司馬光、范鎮皆與友善，而韓琦、富弼又交引為侍從……驟秉國鈞，中外老臣芟除殆盡，向所師事者，目為「共鯀」「四凶」，大言無忌，非病狂易，何失心若此！

我們居今日，對王荊公固不應一味抵斥，然對上文張溥所列舉之名賢，早為歷史上有定評的人物，亦不應因維護一人而加以否定。站在愛護先賢的立場上，這樣做未免損失太大了！更有些人，為想為荊公翻案，但恨古史（如《宋史》及《續資治通鑑長編》等書）上，凡記及安石者多加貶抑，於是憤斥古史為「不可靠」為「謗書」，為「元祐子孫的妄作」。這一態度更危險。因為如果以古史為可疑，則古時事事皆可翻案，那不與一些以流寇為正統的歷史家氣味相近了嗎？且「元祐子孫」一語，出之於章惇、蔡京輩之口尚可；出之於後世研究歷史的人則誣矣！故吾今論王荊公，概憑荊公自己的詩文，以免有人云亦云之弊。然荊公之書（如《熙寧日記》），及宋時批評荊公之文（如蘇洵之《辨姦論》），凡內容不利於荊公者，後世崇王者亦均謂係「僞作」，幸而他的《使回書》及《字說》及其詩文集尚為大家承認，就從這些書中已可見荊公之為人的矛盾與狂妄處了。

《使回書》是仁宗嘉祐年間王安石出使回來的萬言書，雖柯昌頤在其《王安石評傳》中稱之為「政治思想，淵源於儒家，而達於賅通程度。」然吾人今日細讀此文，則覺此文大而無當，且仍上稱先王，所引詩書，亦均是斷章取義的。對戰國及秦漢以下不談；對宋代的太祖、太宗及歷朝君相的成就亦不談，書中只嘆宋世無教養人才之道及無人才，其言曰：

臣嘗觀天下在位之人，未有乏於此時者也……又求之於閭巷草野之間，而亦未見其多焉，豈非陶冶而成者非其道而然乎？……

荊公是一位詩人，作起文來，字句之間就頗有些晦澀之感了。較之三蘇、歐陽公、司馬溫公諸文的清通篤實者不同。從文章中，可看出以上諸人的頭腦清醒，荊公則有拘迂之氣。居今日看宋代仁宗之世，可以說是吾國歷史上少有的人才眾多的時代。像當時的武將狄青，大臣呂夷簡、韓琦、富弼、司馬光，文臣范仲淹、歐陽修、文彥博、三蘇，不勝枚舉。而荊公竟謂：「天下在位之人才，未有乏於此時者也！」這是說仁宗盛世，連殘唐五代都不如了。即此一端，可見荊公的見解之不切實。古代的社會，朝廷用士大夫治天下，而每一個士大夫的家庭，就是人才的培育之所。所以張齊賢說「士君子之教成於家而進於國」，荊公總以為必有學校才可以培養人才，而不知若學校方針、風氣、師資不善，反足以敗壞人才的。使回書又云：

> 先王於天下之士，教之以道義矣；不帥教，則待之以屏棄遠方終身不齒之法。（安石當政貶逐朝臣據此）約之以禮矣；不循禮，則待之以流殺之法……加小罪以大刑，先王所以忍而不疑者，以為不如是，不足一天下之俗而成吾治。

後面完全是李斯韓非等法家的主張，而亦謂是出於先王之道，並斷章取義引用「王制」上「變衣服者其君流」，及酒誥上「厥或告曰群飲……予其殺」為例證。這也同青苗法取息三分，論者以為太重，安石與呂惠卿均引周官泉府「民有貸者輸息二十有五」為證一樣。當時孫覺就曾諫神宗，「不可取古經疑文為以為治」，因為他說王莽時貸錢與民，取息百分之十，已嫌太重，周朝不會高於王莽時。王荊公的為人，自負、泥古、重法，但卻忽略實際的情形。他不僅輕視漢唐及有宋一代的一切制度，即孔孟亦少提及，動稱堯舜，取法上古，是以朱子謂之為「足己自聖」。然周官一書之簡略實不亞於春秋，為何斥春秋而獨尊周官？且春秋尚有左氏、公羊、穀梁三傳為之輔翼，巍然成為君主政治時代的典憲。荊公之斥春秋，不列於學官，並將之從太學課程中剔除，誠有其革命精神，獨怪宋神宗何亦完全接受此一聳動聽聞的意見，而不懼人心動搖？竊意荊公之崇周官斥春秋，蓋利周官可為新法作依據，而畏春秋之義例謹嚴也！使回書又論理財云：

臣於財利，固未嘗學，然竊觀前世治財之大略矣。蓋因天下之力，以生天下之財；取天下之財，以供天下之費。自古治世，未嘗以不足為天下之公患也，患在治財無其道耳……

此處所謂「竊觀前世治財大略」的前世，大概就是指的周朝，即周官泉府所載的「古經疑文」。故四庫提要有「安石以周禮亂宋」之言。最後又說：「夫教之，養之，取之，任之，有一非其道，則足以敗天下之才。」荊公這種想法，固極完美，然其後來的任用小人，則又正是「非其道」，這也是荊公矛盾處。《使回書》中只有談及宋代官吏俸祿太低一點，是實際的問題，其餘都是高論。故有行政經驗的宋仁宗,「覽而置之,」並未重視此書。但王荊公卻因此享了大名,且使年少的神宗為之嚮往。

按王荊公未大用時,對於理財之道,亦主張不與民爭利的,如仁宗嘉祐年間,嘗議「榷茶法」,他主張「國家罷榷茶法而使民自販,於今實為便,與古義實為宜,」並引揚雄曰:「為人父而榷其子,縱利,如子何?」又其答馬運判書,亦有如此主張,但這與其為相後所行諸法每多相反。又王荊公知鄞縣時,孫司諫欲使民出錢僱役防察私鹽,安石與書反對,但他為相後行免役法又與孫司諫同。故司馬光與荊公書云:「何介甫總角讀書,白首從政,乃盡棄其所學,而從今世淺丈夫之謀乎?」朱子也嘗謂:「安石之言,與其生平行事,心術,略無毫髮肖。」最推崇王荊公的近人柯昌頤,在其所著《王安石評傳》中也只好說「此誠一大疑點,意者安石執政以後,為欲速達其目的起見,遂不能無迷其本真乎?」其實矛盾與自負就是荊公的「本真」。柯昌頤又謂「安石為相時,汲汲於理財,固具有法家所謂『為君闢土地,充府庫』之精神」。這是安石後來做事與以前言論相反的原因。於是柯昌頤乃一下結論云:

迷信周禮,推崇先王,而為環境所驅迫,因習慣之轉移,致傾向於法家之唯法主義。其理財政策,則因社會之需要,亦同化於法家。

王荊公的行政的手段固是法家，而其主張，則又多偏於理想主義，而罔顧事實。其施政與理財也，既含有資本主義重利的想法，又含有國家社會主義統制經濟的想法。其行事的「專心一志，眾毀不撓」的態度，推崇荊公的人謂之為堅定，但這何嘗又不是「專斷」？然上舉三事，均與宋代的社會情況與時代精神不合，所以都行不通。王荊公詠兼併之詩曰：「三代子百姓，公私無異財，人主擅其柄，如天持斗魁……」柯昌頤謂荊公「蓋欲以調濟社會經濟的權柄，歸於國家，以打破人民私有財產制度。」又謂此種學說，現方風靡一世，經濟自由國家，莫不視之為洪水猛獸，在今日中國，猶不能適用……而安石則已於千載前發其義而施諸政矣！其思想之精透，良可驚異！」我想古時讀書人有此想法的恐不止荊公一人，不過後來由於實際的經驗多了，遂棄去此一幼稚的想法。惟王荊公為人偏於理想，故欲付之施行耳。竊按神宗變法是欲富國強兵，伐遼滅夏。而安石變法名為行「堯舜之道」，其實是想託古改制，作一超時代之革命。神宗崇拜安石而不瞭解安石，安石倚靠神宗但不重視神宗，同床異夢，故難有大成就。

神宗有一次問王荊公曰：「國家自祖宗以來，百餘年間粗致太平，其故安在？」安石曰：「本朝累世因循末俗之弊，而無親友群臣之議，人君朝夕與處，不過宦官女子……賴非夷敵猖獗之時，又無堯湯水旱之變，故能粗致太平，雖曰人事，亦天助也……」將宋太祖太宗以來統一中國，建立制度與任用賢臣的功績全部抹殺。此話神宗尚能容忍，宋朝的臣子聽不下去了！所以廷臣群起反對安石，蓋不僅反對其「變法」，亦反對其為人與不臣之心。且宋代北有遼夏，長久對峙，與周秦漢唐相較，還不算夷狄猖獗之時嗎？「外患」是宋的大病，神宗變法為此，士大夫憂天下者為此，然安石在《使回書》中則謂當時之患，在於「方今法度，多不合先王之政故也。」堪稱迂闊！又宋代科舉制度，雖有缺點，然亦有優點。然《使回書》中認為取才全賴學校，蓋因上古無科舉也。荊公論事之罔顧事實如此！

《王荊公集》中有《與友人王深甫書》曰：

……自江東日得毀於流俗之士，顧吾未嘗為之變，則吾之所存，顧無媚於斯世，而不能合乎流俗也。及吾朋友亦以為言，然後怵然自疑，且有自悔之心。徐自反念，古者一道德以同天下之俗，士之有為於世也，人無異論；今家異道，人殊德，又以愛憎喜怒變事實而傳之，則吾友庸詎知非得於人之異論變事實之傳而後疑吾言乎？……

荊公作此書時年三十七歲，其見解與性格固執已與變法時無異。柯昌頤謂荊公本為儒宗，為相時始傾向法家，尚未盡合實情。宋代本是一個經濟生活，言論、學術思想都很自由的文化昌明之世，荊公的主張，實為此一時代的反動。他身處自由之世，神往於極權專制的境界，故主張統制經濟，「一道德」（即統制學術思想），「同天下之俗」（即統制天下人民的公私生活）。前面所引書中的所謂「今家異道，人殊德」正是自由的好處。即荊公本人，「少學孔孟，晚師瞿曇」（東坡語）中間又傾向法家，不也未能「一道德」麼？處此自由昌明之世，而硬要去改變與統制一切，無怪除宋神宗外，他得不到有識之士的同情，故始終孤芳自賞，連友人也抱怨，而只見天下「流俗」之多了！

荊公少壯之時，曾有詩詠下層政治的腐敗及民間疾苦，其「感事」詩云：

賤子昔在野，心哀此黔首，豐年不飽食，水旱復何有？雖無剽盜起，萬一且不久。特愁吏為之，十室災八九。原田敗粟麥，欲訴嗟無賕。間關幸見省，答扑隨其後……

專制時代吏役之欺民，是可以想見的。然宋世經太祖當年大力整頓，已較唐末五代武人專橫時改善的多了。至王安石之時，可能由於太平日久，吏治又已腐化。安石為相後，不聞有整飭吏治之舉，而竟用此輩行新法，民何以堪？且在變法前，衙役尚係以良民充任，行僱役法後，役人素質不齊，擾民必甚，此點則不聞荊公注意及之，此亦前後矛盾處也。按荊公後又有「歌元豐」之詩，謳歌神宗元豐年間天下康樂富庶，此不無宣傳意味。蓋宋世為太平之世，仁宗朝與神宗朝的情形，不會相差太遠的。

三、從兩部書看王荊公

《字說》是古今人都承認的王荊公的著作，這是王荊公罷相退居金陵時作的，從此書可以窺知王荊公的鑒識、思想的條理及其為人。按我國的學術從先秦至漢代都尚實在，頗有近世所謂的科學精神；唐人偏於才藝；宋人則偏於哲理。然文字學一門，則是一門實學。東漢許慎作《說文解字》，仍本吾國造字原理「六書」之旨，以小篆為依據，間及古文，雖有錯誤，仍是用的科學方法。至王荊公，則全以己意解文字，廢六書而不用，解釋偏於哲理，而又無一貫性，可以說是任意解釋，或引佛經，或用百家小說，崇拜他的人只佩服其博洽，而不論其解釋的錯誤，可見荊公在宋時已成偶像。宋神宗即無條件的加以推崇，亦可見神宗的識見之淺。人謂神宗誤於王安石猶可，至謂安石誤於呂惠卿則尚有商榷之處，因從《字說》中所窺見的王荊公的紛亂，如不遇呂惠卿、曾布等人，恐怕連變法的條目也未必擬得出來。以荊公為相而主持變法，主要是利用他的名望。然此責任應由神宗自負不能全責荊公。

王荊公的《字說》久已不傳，今可從楊時《字說辨》及李時珍《本草綱目》及其他各書所引略見一般，《字說辨》一書，是辯駁王荊公《字說》的穿鑿破碎的，其舉荊公解字之例有云：

㈠空　荊公解云：「無土以為穴則空無相；無工以空之則空無作，無相無作，則空名不立。」

陳善《捫蝨新話》曰：

荊公《字說》多用佛家語，《維摩詰經》云：「空即無相，無相即無作；無相無作，即心意識。」《法華經》曰：「但念空無作。」《楞嚴經》云：「但除器方，空體無方。」荊公蓋用此。

為解一空字，引用了三部佛經，誠為博洽，這正是宋代重文，士人讀書太博而不能實用的例子。試想文字成於上古，且先有語言，後有文字，《說文》謂「空」字為「形聲」字，「從穴，工聲。」而荊公則全解為「會意」。且「空」字造字時，必遠在春秋時代以前，因論語中已有「空空如也」的文句了。那時不僅佛教尚未傳入中國，即釋迦牟尼尚未誕生，（釋迦之生約與孔子同時）上引三經更未出世，何能以此解「空」？然王荊公竟如此解，宋神宗與一般人竟起而附和推崇之，遂使司馬光、蘇軾等頭腦清楚的人無所措手足，可見當時的眾惑難解，積非成是了！

㈡鴝鵒　荊公解云：「鴝從句，鵒從欲。鴝鵒多欲，尾而足勾焉。」

黃朝英「緗素雜記」曰：

唐段成式《酉陽雜俎》云：「鴝鵒交時，以足相勾，促鳴如鼓翼相鬥狀……」荊公解鴝鵒本此，荊公對百家小說無所不取也。

宋人對荊公引用筆記小說解字而佩服其博洽，但對荊公之亂解文字則不加深究。按「鳲鴿」亦為「形聲」字，先有音，後有字，故從句，從谷，與「多欲」與「尾而足勾焉」何干？且禽鳥均有欲，均會交尾，豈只鳲鴿多欲？荊公以此解字，不僅穿鑿，亦覺可笑。且鳲鴿亦作「鸜鴿」，則又當作何解釋？

近人柯昌頤《王安石評傳》一書，亦係推崇荊公之作，然因作者態度謹嚴，考證詳密，故亦難掩荊公謬誤之處，其論荊公《字說》云：

我國文字之構造，原有六種方法，謂之六書（指事、象形、形聲、會意、轉注、假借），安石之《字說》，殆以「象形」、「會意」二者概之，間及於「指事」。其說形意處，雖亦有當理者；而不當於理，則未有不穿鑿可笑者也。況字體歷更隸篆，損益變易，必多乖失，僅據東漢以後所存以偏旁類次之字，遽一概以意取之，至有一字累百餘言者，其不支離破碎得乎？

解釋文字，必須先加研究，上追古篆，弄清字體的演變方可。荊公《字說》不循此途，且於六書的原理，亦只取「象形」「會意」二者，任意曲解，即有道理者，均係用說文的舊說，其獨出心裁者，多未恰當。如荊公解「天」字云：「一而大者天也」，此係用說文舊說也。又解「示」字曰：

「二而小者示也」，則頗費解了。按「示」字古文為「𥘅」，《說文》曰「天垂象也」，是象形亦會意字，古文「𥘅」上並無「二」字，荊公只據小篆及隸書，故解錯。又其解釋「同」字曰：「彼亦一是非也，此亦一是非也。物之所以不同。冂一口，則是非同矣。」按同字《說文》謂：「合會也，從冃，從口。」也沒有荊公所解釋的那樣高深。荊公一生總想教人服從他的意見，故主張「一道德」「一風俗」，此處又要「同是非」，且有限制言論之意，用心亦良苦矣！

又邵博《聞見後錄》云：

> 王荊公喜說字，至以成俗。劉貢父戲之曰：「三鹿為麤（粗），鹿不如牛；三牛為犇（奔），牛不如鹿；謂宜三牛為麤，三鹿為犇。若難遽改，欲令各權發遣。」（按以小官暫領要職，宋時謂之「權發遣」。劉特以此戲荊公。）

《聞見後錄》又曰：

> 荊公晚年說字，客曰：「霸字何以從西？」荊公曰：「以西在方域主殺伐。」累言數百不休。或曰：「霸從雨，不從西也。」荊公輒隨曰：「如時雨化耳。」其無定論如此。

《呂氏童蒙訓》載吳叔楊曰：

> 《字說》解「詩」字「從言從寺」，謂「法度之言」也。詩本不可以法度拘；若必以法度

為言，然則「侍」者法度之人；峙者法度之山；痔者法度之病也。不知此乃諧聲。

是宋時已有人對荊公解字之錯亂加又批評矣。又俗傳荊公解「笑」字為「以竹鞭犬為笑。」蘇軾即戲之曰：「以竹鞭犬有何可笑？」按「笑」、「哭」二字，今日文字學家根據鐘鼎文及甲骨文，方知下面並不從犬，而是從大（古人字），上面像人之二目「」，像人喜樂貌，是象形兼會意字。「」像哭泣流淚貌，下半後遂誤為「犬」。古人均不識此字。《說文》但云「從竹從犬」，而不言其義，蓋亦不知缺疑之意。荊公強解為「以竹鞭犬」，可以說毫無依據，倒是真有點可笑了。又荊公曾自言曰：「波者水之皮也。」蘇軾笑曰：「滑者水之骨也」。又傳荊公曾問蘇軾，「鳩何以從九？」軾戲之曰：「詩云鳲鳩在桑，其子七兮，連爺帶娘，恰是九個。」蓋鳩字本為形聲字，「從鳥，九聲」，安石解字不用「形聲」，凡字均強與以意義，此所以每多錯亂也。以如此之字說，如作為笑談消遣，未嘗不可，但且看荊公自視如何？《字說》自序云：

……先王以為不可忽，而患天下後世之失其法，故三歲一同，同之者，一道德也。秦燒詩書，殺學士，而於是時始變古而為隸；蓋天之喪斯文也……余讀說文，而於書之意，時有所悟，因序錄其說……惜乎先王之文缺已久，慎所記又不具，又多舛，而以余之淺陋考之，且有所不合，雖然，庸詎知非天之將與斯文也？而以余贊其始。故其教學，必自此始。能知此者，則於道德之意，已十九矣。

從引文後半可以看出荊公的自負，且自謂「教學必自此始」，有合於古代同文字，一道德之遺意。並謂「庸詎知非天之將興斯文也」。其「足己自聖」如此！我們如以司馬溫公著《通鑑》所用的考證方法（極合於近代的科學方法）與王荊公著《字說》之隨意亂解，則知這兩人之所以不合的原因了。王荊公是一位詩人，文章已遠不如歐蘇之明暢與司馬光之樸實了。

此書荊公既自視甚高，而神宗又推崇之，且屢下詔催其完成全書。元豐五年進於朝，荊公《進字說表》中仍說「凡以同道德之歸，一名法之守」。可見荊公對宋世的學術昌盛，群賢並出，甚看不過去，時時想加以「統一」。《字說》進於朝後，即用於教學、取士，由此事更可見宋神宗不懂學術，其推崇《字說》，只不過為崇信王安石而已。而宋朝朝廷，經過變法的反淘汰以後，人才水準低落，有識之士已經絕跡，所以此書用於取士，也無人再反對了。元祐中，司馬光為相，蘇軾、程頤等在館閣，言者謂此書「穿鑿破碎，聾瞽學者」，因禁絕之。紹聖以後新黨用世，復用於科場。此書之用廢，正足證明新黨與舊臣之賢否。按王安石的重要著作，尚有《周禮新義》，今亦失傳。宋蔡絛《鐵圍山叢談》，謂政和年間曾於秘閣中見此書，「訓詁多用字說，病其牽合。」則其書內容可知。蔡絛又謂王荊公字如「斜風細雨」，誠一代怪人也。

荊公另有《唐百家詩選》一書，宋人嚴羽《滄浪詩話》已譏其誣，並謂「今人但以為荊公所選，斂衽而不敢議，可歎也！」集中共收一百家詩，凡一千二百四十六首，自題云「欲觀唐詩者，觀此足矣！」然集中不選李、杜、韓、柳等大家詩，即名家王維、韋應物、李長吉、劉長卿等人詩亦皆不錄。陳振孫《書錄題解》謂：「意荊公所選，世所罕見；顯然在人間者，固不待選耶？」但即使如此，亦應於序言中交代清楚，何竟謂：「欲觀唐詩，觀此足矣！」此又可見荊公之矛盾與自負處，用這種不負責的態度治學、行政，最足以啟後進虛驕輕浮之風氣。如荊公執政時廢詩賦，專取經義，至政和年間，朝廷竟規定士子習詩賦者杖一百，（見《宋人詩話》）可見其末流演變之劣。

按荊公《唐詩選》一書曾見譏於清初詩人王士禎，《四庫提要》亦謂「是書去取絕不可解。」意者荊公本為一才士，富於理想與浪漫氣氛，宜於創作詩文，發揮理想；研究及行政工作非其所長歟？何著作與行事之如此之錯亂顛倒耶？吾人看司馬光的《通鑑論》，歐陽修、三蘇、曾鞏等人的詩文集，那種觀察入微、條理分明的態度何等明澈，謹嚴！王荊公的智慧，可能已超過他們，然治學、行政要實在，總不能全憑理想與意氣，荊公一著實際，即錯亂時出，蓋猶獅子搏兔，材大難為用耶？像王荊公的為人，宜於作教主（如釋迦），宜於作宗師（如老子、墨子），卻不宜於作「述而不作」的孔孟，更不宜作腳踏實地的行政人才。孫固謂神宗曰：「安石學行甚高，處侍從獻納之職可矣，宰相自有度……不宜為相」，可以說是荊公的並世知音。柯昌頤《王安石評傳》云：「安石罷相後，區區窮日力於此。（指《字說》一書）終致騰笑後世，良可惜也！」意謂荊公著《字說》時支離錯亂，在朝為相變法時並不如此。然竊以為一個人的意識與精神是不可分割的，從《字說》錯亂已可測知荊公的一切了。

按王安石的著作，除詩文集外，其他如《周禮新義》、《字說》等著述多已佚亡失傳，推崇荊公的人每歸罪於前賢之詆毀，今以《字說》及《唐百家詩選》之內容例之，亦自然淘汰也。

從以上所引，可知王荊公為一理想甚高，飽學而不能融貫的書生，這樣的人都在久治思變之時，文化爛熟之地，曠世一出。王安石前，只賈誼、王莽二人而已。賈未大用，實際如何尚難定論。而荊公變法，則確有「足己自聖」，破壞宋世善良風氣之弊。王荊公的功過，經南宋朱子與陸九淵及元明以來史論家的評論大致已定。惟自清末梁任公變法未成，引安石為曠世知音，推崇為「一代完人」，從此言改革者，不詳考史實，率推崇王安石為大政治家，議論紛紛，未有止境，亦可憾之事也！

北宋末年用事諸人

宋代士大夫風氣之轉變，起因於神宗用王安石變法，更敗於哲宗用章惇之紹述新政，至徽宗用蔡京施行「豐亨豫大」政策，奢侈豪華，外強中乾，及至金人滅遼，大舉入寇，宋代弱點完全暴露，局勢瓦解。神宗父子三人，均因變法而貶斥正人，結果遂為小人利用，而招致敗亡。

近數十年來，一般史論家多違背舊史的記載而稱頌王安石，然宋代之敗亡，雖不全由於變法，但因變法而引用奸邪小人，造成荒誕的言論，作出許多不合情理的事情，則為導致敗亡的主因。王安石斥司馬光、文彥博、韓琦、富弼等名賢為四凶，溢美新法為堯舜之道，輕視開國以來一切制度而事事加以變更，於是天下之是非亂矣！天下是非一亂，則舊軌道遂遭破壞，熱衷利祿的人，群起迎合君相以求富貴，而向來中人之質，本可由正道出身而為君子者，在此情勢之下，亦必有許多人為求急進而投機變計成為小人。小人得志，做事肆無忌憚，天下人心遂受其影響。本來君子小人之説，在朋黨互爭之時，實很難確定。但我們可不求諸名而求諸實。我們從下面所引的北宋末年用事諸人的行事中，看看究竟如何？

神宗變法有失也有得，他一生造成的流弊尚未到不可收拾的地步。元祐年間，宣仁太后臨朝，起用司馬光等，矯正人心，與民休息，本已漸復元氣。不料哲宗少年親政，（時年十九）先有成見。而欲借故激起朝臣更替的人，如楊畏者，又從而挑撥之，帝遂起用章惇，再斥正人，天下事乃不可收拾了！《宋史》載：

章惇之被召也，通判陳瓘道謁之，因問惇曰：「天子待公為政，敢問何先？」惇曰：「司馬光奸邪，所當先辨。」瓘曰：「果爾將失天下之望；為今之計，唯消朋黨，持中道，庶可救弊。」又曰：「譬如此舟，移之左則左重，移之右則右重，俱不可也！」惇不悦。

變法到「紹述」之時，已不再是對事而專對人了。又徽宗初立，詔求直言，筠州推官崔鶠上書曰：

「臣生長草萊，不識朝廷之士，特怪左右之人，有指元祐諸臣為奸黨者，必邪人也。夫毀譽者，天下之公論也。故責授朱崖司戶司馬光，左右以為奸，而天下皆曰忠。今宰相章惇，左右以為忠，而天下皆曰奸。此何理也？臣請略言奸人之跡。夫乘時抵巇，以盜富貴；探微揣端，以固權寵；謂之奸可也。苞苴滿門，私謁踵路；陰結不逞，密結禁廷；謂之奸可也。以奇技淫巧蕩上心，以倡優女色敗君德，獨操賞罰，自報恩怨；謂之奸可也。蔽遮主聽，排斥正人，以杜天下之言，謂之奸可也。凡此數者，光有之乎？惇有之乎？夫有實者名隨之，無其名而有其實，誰肯信之。」

此疏也談到「名實」的問題。蓋朋黨一成，彼此互相攻訐，都說對方為小人，必須從雙方的實際行為上辨別，才能尋出真相。《宋史》載元祐初年司馬光為相，適值王安石死，光與呂公著書曰：「介甫文章節義，過人處甚多，但性不曉事，而喜隨非，致忠直疏遠，讒佞輻輳，致敗壞百度，以致於此。今方矯其失，革其弊，不幸介甫謝世，反覆之徒，必詆毀百端，光意以為朝廷宜特加優禮，以振起浮薄之風……」這是司馬光當權對王安石的態度，雖說他敗壞百度，然亦稱其文章節義，不作人身攻擊。這與以後章惇對司馬光要開棺戮屍的作法相比較，孰為君子小人，不辯自明。又哲宗紹聖年間，貶呂大防、范純仁等，純仁時年七十，雙目失明，聞命，欣然就道。其子欲代為上書中述當年與司馬光政見並不相合，可免遠行。純仁曰：「昔日與光同朝論事不合則可，今日汝輩言之則不可也。有愧於心而生，不若無愧於心而死。」又戒其子弟不可常懷不平之心。聞諸子怨章惇必怒止之。及在道，舟覆於江，純仁衣盡濕，顧謂諸子曰：「此豈章惇為之哉？」雖不免有無可奈何之情，然溫厚達觀，於危難之中，猶不忘詼諧，是大名士！這樣的人能說他是小人嗎？這是北宋最後一批朝臣，經此摧殘，已無孑遺。從此都是新黨的天下，而少年君主如哲宗、徽宗在他們操縱之下，也失去一切應有的主張，現在我們可從下引各事中看看新黨的行為如何。

按宋代優禮士大夫，太祖定下不殺大臣的制度，原是要保護讀書明理的人，藉以培養士氣。但自王安石變法後，因當時持重的朝臣都反對，他遂請神宗盡斥老成，引用新進，使小人驟然得登士大夫之列，又有宋太祖不殺大臣的遺命保護，遂致做事肆無忌憚，風氣更壞了。而影響最大的，要算章惇、蔡京及安惇、蔡卞、蔡確、邢恕等人。這些人都標榜是王安石的新黨，但他們做的事，恐怕王安石地下有知，也要為之驚訝不安。其影響人心之大事約有下列數端。

㈠章惇、蔡京等誣宣仁太后謀廢立——宋朝有一特點與唐朝正相反，就是臨朝女后均很賢良，如前面所述仁宗朝的劉太后，（按世俗流行的戲劇如「狸貓換太子」及「打龍袍」等，將劉后說得很壞，與史實不符。）哲宗初年的宣仁太后，及徽宗初年的向太后都很好。宣仁太后為神宗之母，哲宗之祖母，姓高氏，史書譽為女中堯舜。神宗死時，哲宗幼小，宣仁太后臨朝，起用司馬光為相，罷安石新法，與民休息，前後共九年，是宋代的承平之世。神宗用王安石變法大有為之後，天下已騷然不安，幸有這幾年休息的工夫，否則可能激起變亂。《宋史紀事本末》載，當宣仁太后初臨朝時，蔡確、邢恕等人最初本想依附太后，建議立皇弟歧王顥或嘉王頵，宣仁太后不聽，仍立神宗之子，是為哲宗，年方十歲。邢恕等見計不成，為洗脱責任，反謂太后與宰相王圭有廢立意，小人用心之險如此。及宣仁太后死，哲宗年少（十九歲），章惇、蔡卞遂與知開封府蔡京，用種種方法，陷害元祐舊臣，又興同文館獄，誣劉摯等圖謀不軌，欲陷以滅族大罪，會劉摯死，只禁錮其子孫。章惇等陷害元祐舊臣意猶未足，進而謀陷害哲宗的祖母宣仁太后。這事以後世人的眼光來看，實屬不必，因宣仁太后已死，又是皇帝祖母；已死的人不再能妨礙他們，而鼓動孫子廢祖母為庶人，終究是違反倫常的事，且冒著以疎間親，以臣犯上之忌。但章惇等竟敢如此做，從這事也可以看出宋代的君威太低落了。這事如發生在漢武帝時代，章惇等定罹滅族之禍的。

《宋史紀事本末》載：章惇、蔡卞等人恐元祐諸人再起，日夜謀誣司馬光、劉摯、呂大防等與宣仁太后謀廢立。又把宣仁太后的內侍，張士良下開封府獄，使蔡京治之。京等列鼎鑊刀鋸於前，謂之曰：「言有，即還舊職；言無即就刑。」士良仰天大哭曰：「太皇太后不可誣，天地神祇不可欺，乞就戮。」於是章惇蔡卞等自作詔書，請廢已故宣仁太后為庶人。惇等夜入奏，皇太后向氏（哲宗母）已寢，聞之，遽起謂帝曰：「吾日侍崇慶（宣仁太后生時居崇慶宮，故稱），天日在上，此語何從出？且帝必如此，亦何有於我？」帝感悟，取惇卞奏就燭焚之。明日惇卞再具狀，堅請施行。帝怒曰：「卿等不欲朕入英宗廟乎？」抵其奏於地，事得寢。但哲宗仍重用他們，不加懲罰。宋代聽任朝臣竟至如此，實亦過分了。王安石地下有知，恐亦訶章惇蔡卞的無狀。

㈡貶呂大防、范純仁、蘇軾、蘇轍等三十餘人於嶺南，且欲盡殺之，因哲宗守太祖遺訓未允。

㈢請發司馬光、呂公著墳墓，破棺戮屍，因許將諫非盛德事未准，只削官仆碑。

㈣置「看詳元祐訴理局」，考查元祐中人有對神宗朝政言語不順者，加以種種處罰。

㈤勾結內侍，在哲宗前進讒言，使哲宗廢去孟皇后，因孟皇后是宣仁太后立的，亦為群小所不容。朝臣的政爭竟及於皇帝的家人骨肉，亦甚可怪。

以上種種行事，均至窮凶極惡之境，全非讀書人的氣度，以讀書人出身的王荊公，只為一時變法之便，引用這些小人，卻不知身後他們如此作為。如引用明人的話，此亦「公之過也」。

章惇、蔡卞等人的作為，已大傷天理，有背忠厚之道，然其對風氣的影響，尚不及蔡京之劣。蔡京是北宋最後一位宰相，是一位導致亡國之臣，他不僅奸邪，而且柔媚，無恥。他後來雖自命為王安石的繼承者，當年確也依附過王安石，但他卻是一位投機人物。當司馬光為相時，他正在開封府，司馬光罷新法，他完成的最快，五天之內就把他所管轄的地方新法盡罷，獲得司馬光的讚美。及哲宗行紹述之政，他又轉過來與章惇等陷害元祐舊臣。然他卻以變法派的殿軍姿態出現，高唱「繼事述志」

及「豐亨豫大」的口號，以導徽宗去摧殘正人與逸遊享樂。

早在哲宗紹聖二年，監察御史常安民已經上章論蔡京「奸足以惑眾，辯足以飾非，巧足以移奪人主之視聽，力足以顛倒天下之是非……」這與神宗時有些人論王安石的話差不多，但王安石有以上之弊，卻還有其清廉的品行，而蔡京只有王安石的辯才，卻無其品格。

宋徽宗初立，御史陳師錫亦上書論京曰：「京，卞同惡，迷國誤朝，而京尤好大喜功，日夜結交內侍戚里，以覬大用。若用之，天下治亂自是而分，祖宗基業自是而隳矣！」陳師錫真是一位有遠見的人，以後蔡京用事，導致北宋亡國，正與他的看法相合。按徽宗初立，本以外蕃入嗣，皇太后向氏臨朝，改元「建中靖國」，想調和朝臣新舊兩派之爭，以安定國家。向太后的想法很好，徽宗秉承太后之意，起復元祐舊臣，優禮范純仁，出章惇、蔡卞於外，亦貶蔡京於杭州，如果能長此下去，倒是一大轉機。

但徽宗的性格，本甚輕佻，喜聲色玩好。當哲宗死後，太后會集群臣議立新君時，章惇即曾大聲直言徽宗輕佻不可立，這是章惇勝蔡京處，二人惡性雖同，然章惇為人亢直，不似蔡京之柔媚。後來徽宗重用蔡京而不用章惇，亦與此事有關。徽宗既與蔡京的性情相近，蔡京又多方結交內侍以為牽引，並投徽宗之所好，故很快獲得招還重用。《宋史》載：「內侍童貫性巧媚，及使三吳，蔡京與之遊，不捨晝夜。」由於童貫引薦，徽宗已有意用京，蔡京又結交宮人內侍，由是宮妾宦官眾口一辭譽京。故在外一年，即獲招還重用。想王安石出相時是朝廷大臣賢士大夫競相引薦，學者名流眾口交譽，神宗乃用以為相。到蔡京則全靠宦官引薦，宮妾讚譽，末年風氣已大不相同了。

蔡京貶杭州只一年，即由童貫及宮人的推薦而召回重用，於是從「建中靖國」一變為「繼事述志」，重行新法。蔡京於上臺之後，一方面倡「豐亨豫大」之說以誘徽宗享樂，大修宮苑，與花石綱，如《宋史·朱勔傳》云：「勔置奉應局於蘇州，士民家一木一石，稍堪玩賞者，即領建卒，直入其家，以黃帕遮覆，指為御前物，不即取，使護視之，微不慎即被以大不恭罪；運走時，必毀屋牆，以巨艦裝載，用千丈牽輓鑿河斷橋，毀堰拆閘，數月方至京師。一花費數千貫，一石費數萬緡。……花石之災，垂二十餘年。」一方又繼續禁錮舊派諸臣，如⑴立黨人碑於端禮門，將司馬光以下北宋名賢一百二十八人一網打盡，統稱為姦黨，並頒行天下。⑵詔毀范祖禹所著《唐鑑》及三蘇、黃庭堅、秦觀文集。⑶詔毀司馬光、呂公著、呂大防、范純仁、劉摯等十一人景靈宮中的繪像。⑷除程頤名，禁其講學，毀其所上文學，監視其著書。程頤懼而遷居龍門之南，止天下學者曰：「尊吾聞，行吾知可矣，不必及吾門也。」⑸禁錮舊臣子弟，不許至汴京供職。⑹以王安石配享孔廟，位在七十二賢之上。後來王雱亦配享孔廟。這些事情對當時人心與風氣影響都很大。在朝廷已無正人，大臣亦均不敢再上書言事時，忽然有一位太廟的小官方軫，上書與徽宗，參了蔡京一本。這表現正氣仍在，方軫上書曰：

「蔡京睥睨社稷，內懷不道，專以紹述熙豐之説為自謀之計。內而執政侍從，外而帥臣監司，無非其門人親戚。京每有奏請，盡作御筆行之，曰此上意也。明日不行，又曰京實啓之也。善則稱君，必欲陛下斂天下之怨而後已……又使子攸日以花石禽鳥為獻，欲愚陛下，臣以為京必反也，請誅京。」

在蔡京禁人上書，興文字獄，鉗天下士大夫之口的時候，想不到被這個小官痛劾一狀。這與王安石當年被監安上門小官鄭俠參劾一狀情形相似。但徽宗仍不悟，反把方軫竄到嶺南去了。大約當時的情形，是元祐諸臣回來，蔡京等就無法獨專朝政，為了排斥舊臣，就非倡言紹述新法不可。方軫書中謂：「專以紹述熙豐之説為自謀之計」，可謂道出蔡京行新法的本意。

其次蔡京提出「豐亨豫大」之説，尤非生活刻儉的宋神宗與王安石當年所能想到。宣和年間，汴京奢侈淫靡之風，就是在「豐亨豫大」的號召下養成的。《宋史》謂：京視官爵財物如糞土，累朝所儲，揮霍殆盡。其實這也就是徽宗的揮霍，蔡京為之策劃而已。後來蔡京的兒子蔡攸混入宮中，化裝為倡優，以市井詼浪語以戲笑取悦徽宗。攸妻宋氏亦出入宮禁。帝亦常宴京於宮內，又常輕車小輦，頻幸蔡京第，命坐傳觴，用家人禮。京謝表有云：「主婦上壽，請酬而肯從；稚子牽衣，挽留而不卻。」後來為了爭權爭寵，蔡京、蔡攸父子亦互相傾軋。而蔡京的幼子蔡絛與其兄蔡攸亦成仇讎。致蔡攸連絡李邦彥等告發其弟姦私事，請帝殺絛。朝臣風氣之壞，至此時已至極點，但蔡京與梁師成、李彥、朱勔、王黼和童貫等人，還想開邊立功，聯金滅遼。及遼滅，金兵一湧南下，宋廷諸臣竟束手無策，連極簡單的遷都逃難的辦法都想不出來。坐使京都淪陷，二帝被虜。使當時仍有一二元祐老臣在內，局勢或不致如此。當時朝臣亦無再上書言事者。只有太學生陳東率諸生伏闕上書，請斬蔡京、童貫、王黼等以謝天下。

神宗與王安石變法未成，引用小人，造成朝臣失去誠正仁和之氣，而形成殘狠狡詐傾軋之風，每況愈下，以抵於亡。王安石當年與司馬光、蘇軾等之爭，就是一方只重視有形的變法理財，一方卻重視無形的風氣與人心，前者急於目前的事功，後者卻注目於百年大計，二者未能取得諒解而彼此調和，實為宋世一大不幸。設使荊公當年不引用小人，與舊臣從長計議，新法即使一時不能全行，定可分先後步驟實施。而從施行的經驗中，再逐漸改正方法，則新法之實效可收，亦不致有如此流弊了。

南渡之後，痛定思痛，朝臣再無新法舊法之爭，然餘波蕩漾，不久又以和戰問題而引起君子小人之爭。主戰者如李綱、張浚、趙鼎、岳飛等隱然上承北宋正直大臣的志氣，而秦檜、湯思退、賈似道等仍有章、蔡的餘風，風氣影響之深遠如此！

明張溥評曰：「神宗於王安石，敬愛之而不能罷，歷十八年而汴京亂。徽宗於蔡京，賤惡之而不能罷，歷二十五年而北宋亡。皐陶謨曰：『在知人，在安民』旨哉！」

重振士氣的太學生陳東等

讀史，每感到宋之宣和與唐之天寶，情形有相似處，宋徽宗與唐玄宗亦均多相同之點。如二人之多才多藝，好大喜功，喜聲色玩好，任用奸相同。（唐壞於李林甫，宋壞於蔡京。）惟徽宗一再聽信蔡京以「繼事述志」為名，排斥正人，立黨人碑，將司馬光、范純仁等北宋名賢一百八十人統誣為奸黨，並大興文字獄，是非顛倒，天下寒心，沮喪士氣，莫此為甚！這一點，則為玄宗所無。故唐代安祿山反，雖兩京淪陷，然內有郭李之將；外有張巡、許遠、顏真卿、顏杲卿等忠義之兵，唐室很快就恢復了。士氣在也！宋於聯金滅遼，收復燕雲慘勝之後，未及一月，金兵大舉南下，宋兵即土崩瓦解，終至汴京淪陷，二帝被虜，為有史以來未有之奇辱。此何故？士氣喪盡之故也。宋兵在初年太祖太宗之世，能守亦能攻，至真宗仁宗時尚能堅守邊城，苦戰不退。至徽宗時，在內侍童貫與佞人王黼的統帥之下，已只能擺擺樣子，嚇唬嚇唬老百姓，已全無作戰能力。當時及後世的人，多謂宋朝聯金滅遼為失策者，不知若無可任之將，可用之兵，在政情糜爛、人心喪失的情形下，即援遼抗金，或守中立，結果亦正相同。此所謂天助自助者，投機取巧，運用外力總歸是有限的。《宋史．兵志》記北宋末年之軍備情形云：

自「大觀（徽宗年號）」以來，蔡京用事，兵弊日滋，至有受逃亡，收配隸，猶恐不足。政和之後，久廢蒐補，軍士死亡之餘，老疾者徒費廩給，少壯者又多冗占，階級既壞，紀律遂亡。童貫握兵，勢傾內外，凡遇敗陣，恥與人言，但申逃竄。河北兵將，十無二三。……陝右諸路，兵亦無幾，种師道將兵入援，止得萬五千人。

兵備敗壞至此，不僅不足攘外，實亦難以安內，此亦是徽宗時江淮間民變屢起之一因。近世崇拜王安石變法論者，每將宋世兵弱的原因統歸罪於元祐年間之罷新法。然元祐九年，號為小康，天下無事。自哲宗「紹聖」重行新法，至「靖康」金人陷汴，凡三十二年，時間不為不久，而兵備反更壞。是知小人當政，只重虛聲，不切實際。其所以標榜繼事述志，重行新法者，不過欲藉以排斥正人，攫取權位，以求富貴而已。近時史家方豪先生的《宋史》論靖康之禍的主因，首謂敗於「小人恣虐」，並引《宣和遺事》一書所引呂省元之言曰：

自「熙寧」（神宗年號）至「宣和」（徽宗年號），小人用事，六十餘年，奸佞之積久使無女真（金兵）之禍，亦必有小人篡殺，盜賊負乘之禍矣！……宣和之時，未有內無夷狄而有夷狄之禍者。……自古以來，此小人之夷狄也！……矣！

其次又談到軍隊腐敗，宦官擾民，宮廷生活淫奢等原因，然這些原因，都與「小人恣虐」，顛倒是非，敗壞風氣人心有關。宋正逢北方塞外民族強盛的時期，在變法以前，君主惕勵於上，群臣憂勤於下，兢兢業業，以維國脈。自神宗倡大有為，王安石言變法，處承平之時，而欲行大革命，一切以敢作敢為無所顧忌為標榜，神宗君臣尚有其主張，繼起者則盡移敢作敢為無所顧忌的精神於爭權奪利，窮奢極慾。朱勔花石綱擾民，激起東南民變，即其一例。故宣和年間之政情糜爛，實變法以來引用小人，破壞風氣之總結果。蔡京、童貫、朱勔輩，明知他們這種作法，必為正人所不許，故極力用繼行新法之說以排斥正人。徽宗亦知不用熙寧新法名義亦不能大量搜括民財，供朝廷揮霍，故雖覺不安，而終不能改。馴至滿朝皆蔡京私人，盈耳皆歌頌之聲。在蔡京「豐亨豫大」口號下，廣宮室，鑄九鼎，立道觀，偏於天下，大興工役，無慮數十萬人。如此浪費，那還有餘力來練兵固防。宋室上下無人，中樞糜爛，中外人士均知甚詳，此金兵之所以敢於二次長驅直入。誤國群奸，人人痛恨，卻很少有人敢向朝廷進言者，即有亦不能用。士氣至此，消沈已極。卻想不到在金兵壓境，國家危亡之際，出了幾位太學生仗義執言，尤以太學生陳東，上書劾蔡京等六人，使得正其罪，人心大快，士氣為之一振。於是更有李綱、宗澤、岳飛、張浚等人出來，為南宋奠定了立國的基礎。由此可見人物與風氣的重要！

在徽宗「大觀」三年，已有太學生陳朝老上書論朝廷用人之不當，時何執中繼蔡京為相，陳朝老詣闕上書曰：「陛下即位以來，五命相矣。若韓忠彥之庸懦，曾布之贓污，趙挺之之愚蠢，蔡京之跋扈，皆天下所不堪者！今陛下知蔡京之奸，解其相印，天下之人，鼓舞有若更生。及相執中，中外黯然矣，……天下敗壞至此，如一人身，臟腑受病已深，豈庸庸之醫，所能起乎？……」這是一篇很坦白的文字，真不愧為書生本色。且此時，正是汴京繁華興盛之際，陳朝老已看出天下敗壞至此，如人之臟腑受病已深，可謂有先見之明。《宋史》載，徽宗宣和七年十二月，上以金兵迫近，禪位於太子桓（欽宗），時天下皆知蔡京等誤國，而用事者多受其引荐，莫肯為帝言之，於是太學生陳東率諸生上書曰：

「今日之事，蔡京壞亂於前，梁師成陰賊於內，李彥結怨於西北，朱勔聚怨於東南，王黼、童貫又從而構釁於二虜，開創邊隙，使天下之勢，危如絲髮！此六賊者，異名同罪，願陛下肆諸市朝，傳首四方，以謝天下！」

這是青年書生的直言無忌，尚可以說這六人都是為朝廷辦事，不能全以成敗定功罪。但問題就在這些人物做事的目的只為博取虛聲，以求富貴，非真為國家著想。王安石已有此傾向，但那時天下的基礎尚固，尚能經得起是非。到徽宗時內外情勢已變，尤以北方宋朝的友邦遼國已衰敗，失去為宋作屏藩的作用。宋朝至此，已危機四伏，那還經得起這六人的為所欲為？當時右正言崔鶠亦上書言事，說的更清楚，鶠書云：

「數十年來，王公卿相，皆自蔡京出……王安石除異己之人，著三經之說以取士，天下靡然雷同，陵夷至於大亂……京又以學校之法馭士人，如軍法之馭卒伍，一有異論，累及學官。若蘇軾、黃庭堅之文章，范鎮、沈括之雜說，悉以嚴刑重賞禁其收藏，其苛錮多士，亦已密矣！而馮懈之罪猶以太學無異論為盛事，欺罔不已甚乎？原京與懈之罪，乃天地否泰之所係，國家治亂之由分……」

王安石當年所設想的「一風俗」、「一道德」、「興學校」等理想，至宣和年間已成為蔡京等人利用的工具，以嚴刑重賞來壓制太學諸生，使他們「無異論」。但蔡京等卻想不到，最後出來彈劾他們的仍是太學諸生。鶠書又云：

「……仁宗，英宗選敦朴敢言之士以遺子孫，安石目為流俗，一切逐去。司馬光復起而用之，元祐之治，天下安於泰山。及章惇、蔡京倡為紹述之論，以欺人主，紹述一道德而天下一於諂佞，紹述同風俗而天下同於欺罔，紹述理財而公私竭，紹述造士而人才衰，紹述開邊而塞塵起矣！」

此真是切實情的議論，宋室之衰，源於變法，敗於紹述，脈絡清晰可循。其最大的原因，在於小人利用變法之爭顛倒是非以攫取權位。至宣和年間滿朝皆佞人，這些人，身居大位，卻無識見。及金兵圍城時，大家均惶恐無策，只幻想向金人割地乞和，祈求敵人憐憫。如此君臣，何以立國！金人第一次圍汴京，李綱主堅守，种師道主戰，但欽宗猶疑不定，又聽李邦彥、張邦昌等主和之說而罷李綱。陳東又率諸生於宣德門上書曰：

李綱奮勇不顧，以身任天下之重，所謂社稷之臣也。李邦彥、白時中、張邦昌、李棁之徒，庸謬不才，忌嫉賢能，動為身謀，不恤國計，所謂社稷之賊也。陛下拔綱，中外相慶，而邦昌等疾如仇讎，恐其成功，因緣沮敗。且邦彥等必欲割地，曾不知無三關四鎮，是棄河北也。棄河北，朝廷復能都大梁乎？又邦彥等能保金人不復敗盟否邪？……罷綱非特墮奸人計中，又墮虜計中也。乞復用綱而斥彥等……

《宋史》載：「書上，軍民不期而集者數萬人，聲勢浩大，朝廷為之再用李綱。」金將斡離不第一次圍汴京，就在汴京尚有人堅守的情形下，得到搜括的金銀與河北三鎮割地之後而退去。這是春間的事情。及至這年冬天，斡離不又與粘沒喝兩次再圍汴京，此時李綱已貶，朝內無人，而徽宗、欽宗又均是毫無主張的人，一聽庸臣誤國，連逃難的勇氣都沒有，最後只有向金人乞憐，請降。欽宗尚痛哭曰：「宰相誤我父子！」身為君主，不能決斷，豈能全責宰相？汴京之陷，欽宗為人的庸懦無主張，應為主因。尤其欽宗親至金營講和，更是自投羅網。到燕京後，金主封徽宗為「昏德公」，欽宗為「重昏侯」。欽宗倒還罷了，徽宗以數十年太平天子之尊，不能死社稷，甘心北去受辱，足見其忍恥之性格，毫無剛氣。比較起來，宋高宗趙構要好多了，他的忍恥苟安的心理雖與徽欽一樣，但他總還有點政治頭腦，危機時也還有主張，亦能用人，如金人不將徽欽擄去，則南宋的建立恐亦成問題。這一點金人失策了。

宋高宗即位南京（今歸德）後，一開始頗有些振作氣象，召李綱為相，並召陳東入見。及陳東自故鄉丹陽來到歸德，值黃潛善、汪伯彥等用事，李綱罷相，陳東乃上書乞留綱而罷黃潛善、汪伯彥。又上書請帝親征，還京師，勿幸金陵。這時適有布衣歐陽澈也伏闕上書，黃潛善等以語激帝怒，請殺陳東及布衣歐陽澈。《宋史》載府尹孟庾遣吏逮東，東請食而行。手書區處家事，字畫如平時，已乃授其從者曰：「我死爾歸，致此與吾親」，食已，如廁，吏有難色。東笑曰：「我陳東也！畏死即不敢言，已言肯逃死乎？」吏曰：「吾亦知公，安敢相迫。」頃之，東具冠帶，別同邸，乃與歐陽澈同遇害。四明李猷，贖其屍而葬之。《宋史》謂陳東初不識李綱，特以國事，故為之死，識與不識，皆為之流涕。宋高宗趙構為人之反覆，亦於此可見。他初排眾議而召李綱，才七十餘日而罷。陳東竟為諫留李綱而被殺。這與他以後在秘閣面受岳飛機宜使復中原；不久又因秦檜主和而殺飛，前後如出一轍。

高宗紹興四年，金人已在汴京立劉豫為帝，並聯合南侵。此時高宗雖欲稱臣講和亦不可得。高宗的好處，就是不得已時尚能決斷。這時趙鼎為相，為帝言，「金兵若再渡江，恐其別有措置，不如向時尚有復振之理，戰固危道，有敗亦有勝，不猶愈於退而必亡者乎！」於是高宗決定親征，進駐金陵。鼎又以守江諸將頗有傲氣，建議起用張浚以帥之。並請帝優詔追悼陳東、歐陽澈，以勵士氣。乃下詔贈陳東、歐陽澈為朝奉郎，秘閣修撰，賜官田十頃。高宗此時亦深悔悟，謂趙鼎曰：「朕初即位，昧於治體，聽用非人，至今痛恨之。雖已贈官推恩，猶未足以稱朕悔過之意，可更贈官賜田，雖然死去不復生，追痛無已。」遂命中書舍人王居正草詔追悼，詔曰：

嗚呼！古之人願為良臣，不願為忠臣，以良臣身荷美名，君都顯號，忠臣身嬰禍誅，君陷昏惡。嗚呼，惟爾東，爾澈，其始將有意於忠臣乎！由朕不德，使爾不幸，而不為良臣也。雖然爾雖不幸，不失為忠臣，顧天下後世獨謂朕何？此朕所以八年於茲，一食三歎而不能自已也……

這就是後世所謂「為良臣易，為忠臣難」，成語的由來。此詔堪稱至文。紹興末年，陸游有詠太學生詩云：「往歲淮邊虜未歸，諸生合疏論危機，人才衰靡方當慮，士氣崢嶸未可非。萬事不如公論久，諸賢莫與眾心違，還朝此段宜先急，豈獨遺經賴發揮。」（送芮司業）可見南渡前後的士氣大半都在太學。

李綱與宗澤

自宋徽宗宣和年間，金兵南侵以來，宋兵士氣瓦解，無人抵抗。及高宗即位南京（歸德），朝臣仍多主張對金人繼續屈膝求和或南下避敵。只有李綱宗澤二人，力主練兵防河，並進兵河北，與敵人作持久戰。蓋當時的情勢，不戰即不能和。高宗的勇於逃難，誠較其父兄連逃難都不能略勝一籌，但只知逃亡也終非善策，因朝廷能去的地方，敵人也能去。觀後來金兵渡江直追至浙東，高宗漂流海上，幾乎被擒，可以見之。且新起的塞外民族，最怕大河阻隔，限其戎馬。觀後來蒙古人的騎兵能遠征歐洲，但卻越不過金人的黃河防線，必須與宋連合，假道荊襄以攻河南。後來金亡以後，蒙古人與宋作戰，因江淮難以越過，不惜費數十年之力，繞道四川、雲南以攻宋。北宋靖康年間汴京被圍，是由於當時人心士氣崩潰，千里黃河，無人防守。遂使金兵得以安然渡過。《宋史紀事本末》載：

靖康元年正月，金將「斡離不」陷相濬二州……宋軍望風迎潰，官軍在河南者，無一人迎敵。金人遂取小舟以濟，凡五日騎兵方絶，步兵猶未渡也。旋渡旋行，無復隊伍。金人笑曰：「南朝可謂無人，若以一二千人守河，吾豈得渡哉！」

觀此知李綱宗澤的聚兵買馬防守黃河的政策是正確的。「建炎繫年要錄」載：「建炎元年五月，高宗力排眾議召李綱為相」，高宗之所以尚能作中興之君者，就是他於危機之時尚能任用賢能正直之人，然局勢稍微安定，則又生苟安之心。李綱於得詔後，即先上書勸高宗要「英武明哲」，方能成為興衰撥亂之主，謂「英則用心剛，足以蒞大事，而不為小故所搖；哲則見善明，足以任君子，而不為小人所間。願陛下以漢之高光，唐之太宗，本朝的藝祖太宗為法。」這是他救亡圖存第一步工夫，必先鼓勵朝廷，使皇帝本人有膽量勇氣去謀復興。明人筆記載，成祖觀宋代列帝像，謂：「太祖太宗以外，皆是秀才皇帝。」又謂：「宋太祖以下，其像清癯如太醫。」（二事見明袁忠《瀛國公記》與王錡的《寓圃雜記》）明成祖是一位五入沙漠，掃蕩故元的英主，以他的眼光看來，宋代君主實在太文弱了，文弱無斷，受朝臣左右，確是宋代君主一大缺點。故李綱首以「英武」勵高宗。時中丞顏岐已諫高宗不要用李綱而應以張邦昌為相。理由是李綱為金人所不喜，張邦昌曾降金稱帝，為金人所喜。堂堂朝臣竟有此建議，可見當時士氣之頹敗。李綱為相後，上十事書，其一先論和議之非，謂金人詭詐，以和談為進兵的掩護，談談、打打，終以此策滅遼。又以此策陷汴京擄二帝，如朝廷再不覺悟，寄望講和，則天下亦將不保，他說：

為今之計，莫若一切罷和議，專務自守之策，建藩鎮於要害之地，置帥府於大河及江淮之南。修城、治械、教水軍、習戰車。使其進無抄掠之得，退有邀擊之患，則雖有出沒，必不敢深入，三數年間，軍政益修，然後大舉以討之，報不共戴天之仇，雪振古所無之恥……

李綱這段話，並非紙上談兵，南宋後來退守江淮，沿江設四大鎮，仍是用此策略。且後來果然轉弱為強，若非秦檜主和，高宗變志，則以岳飛、韓世忠、劉錡等兵力，是可以收復中原的。李綱除於此處主守外，又於本疏第七點重提防守計畫，請於黃河及長江措置抗禦，以拒敵衝。蓋能守而後能戰，能戰而後方有資格談和。欽宗時代三者皆失，可以說毫無主張，有之自李綱始。高宗之所以一即位非相李綱不可，也是因為只有他才能拿出一套復興的計畫。除戰守外，他又建議以長安為西都，襄鄧為南都，金陵為東都，以備巡幸（避敵），又請治降敵的朝臣張邦昌等以應得之罪，以維綱紀。後日又請於河北設招撫司，河東置經制司以招撫前方軍民，並荐名將張所為河北招撫使司統帥。荐老將宗澤守東京，均推舉得人。綱並提詳細的江淮防守佈置，請把江淮自西而東分為九路，共練兵九十六萬人，每路之帥臣，仍主以文臣為正，武臣為副，這是宋代積重難返之習慣，雖豪傑如李綱者亦不敢更改。

李綱這次被召為相，入見高宗，涕泗交流，高宗亦甚感動。他勸高宗下哀慟之詔，以感動天下，使上下同心協力，以致中興。並別上中興之策，力言變士風之重要。蓋自徽宗以來，排斥中正之士，士風頹敗已極，國家士氣不振，何能興起？然高宗的振作也是暫時的。而當時士大夫，除一般膽小的人，怕李綱妨礙講和外，像黃潛善、汪伯彥更嫉妒李綱為相。而專好攻擊強臣的張浚，也於此時上書論李綱專權、擅殺。於是李綱在位八十日而罷。李綱一去，高宗遂放棄守中原以圖中興的計畫，退避到揚州去了。但李綱這些計畫，仍不失為南宋開國的綱領，他雖然身退，後來高宗用張浚、趙鼎所推行的防守江淮的政策，仍多以李綱的《十事書》為依據。紹興三年，金兀朮與僞齊劉豫連合南侵，李綱時雖在外任，仍再上防守三策，高宗付三省，樞密院施行。是這次敗敵之功，雖由名相趙鼎、張浚及韓、岳、楊沂中、張俊等諸將之功，然李綱仍為主要鼓勵士氣及擬定計畫的人物。這次敵退後，李綱又上書曰：

> 願陛下勿以敵退為可喜，而以仇敵未報為可憤！勿以東南為可安，而以中原未復，赤縣神州陷於敵國為可恥。勿以諸將屢捷為可賀，而以軍政未修，士氣未振強敵猶在為可虞……苟不大修武備，痛自料理，先為自固之計，何以能期萬全而制敵……今歲不戰，明年不征，使敵勢益張，而吾之所綜合精銳士馬，日以損耗，何以圖敵……

此奏主要仍在鼓勵高宗奮發有為，不可為苟安心理所誤，而其始終重視士氣之提倡，尤覺可貴。

宗澤也是南宋初年力主防守黃河，以安中原的人。並看清當時朝臣向敵人求和為受騙受辱的誤國行為。宗澤一生潦倒不得志，及至被李綱荐與高宗，留守東京，則年事已老。他以七十歲的高齡，守受金兵威脅，形勢危急，群盜如毛的東京，慷慨激烈，恩威並用，一方面布置黃河防線，一方面訓練兵馬，拔名將岳飛於偏裨之中，以恩信招撫群盜，使之變為雄師，一出手就是有策略、有辦法的大手筆。無怪後世譽之為「文武全才」，而李綱亦謂高宗曰：「綏復舊都，非澤不可。」

建炎二年，金兀朮與粘沒喝再渡河南侵，兀朮自鄭東下，宗澤命劉衍等迎戰，更另選精兵數千繞出敵後，前後夾擊，兀朮兵大敗。粘沒喝在西京與宗澤相持，雙方屢有接觸，澤部將張撝戰死，澤又遣王宣往援，因與粘沒喝兵大戰，破走之，金人從此不敢再向東京（見《宋史．宗澤傳》及「紀事本末」）。這時高宗已放棄中原，遠走揚州。而南侵的兀朮與粘沒喝又正是金國兩員虎將，宗澤孤軍固守，屢敗強敵，正可證明只要朝廷有決心，金兵並非不可戰敗的。「紀事本末」又載：「澤後獲金將遼臣於河上，解其縛，問金虛實，得其詳，遂決大舉之計。召諸將曰：『汝等有忠義心，當協助勦敵』，言訖泣下。諸將皆奮。澤聲威日著，敵聞其名，畏憚，對南人言皆稱『宗爺爺』」。又河北盜楊進聚三十萬與丁進，王再興等擁眾各數萬，澤遣人諭以禍福，悉招降之。河東人王善，擁眾七十萬，車萬乘，欲據京城，澤單騎馳至善營，泣謂之曰：「朝廷危難之時，使有如公一二輩，豈復有敵患乎？今乃汝立功之秋，不可失也！」王善為之感動，遂解甲降。其忠義感人如此。如是澤招撫群盜聚城下，又募兵儲糧與諸將約日渡河。先遣王彥岳飛等七千人渡河克復新鄉，飛追逐金人至太行山下，擒其將拓拔耶烏，居數日又與敵遇，刺殺金將黑風大王，金人退走。王彥與金人戰亦屢勝，乃傳檄州郡，結砦西山，兩河豪傑多附之，眾十餘萬，聲勢浩大。澤乃上書請高宗還京城，前後二十餘疏，皆為黃潛善、汪伯彥所押。其中一疏言攻守之設施，最切實感人。疏云：

臣勘京城四壁濠河樓櫓與守禦器具，增築開濬……又製造決勝戰車一千二百輛，每輛用五十有五人……二十人執長槍，十有八人執神臂弓弩，隨槍遠射……又沿河十六縣與上下州相接，作聯珠寨以嚴備禦。臣又使王彥、曹中正在河西攻擊，收復州縣……敵人畏襲，已不敢輕動冒犯。……顧臣犬馬之齒已六十有九，比緣陛下委付之重，常患才力不任，惕惕憂懼。近日頓覺衰瘁，萬一溘先朝露，辜負陛下眷恤憐憫之意，臣死不瞑目。倘使臣與官吏士民，望翠華回輦之塵，瞻仰天淵，循伏百拜，然後臣填溝壑，如生之年，死且不朽……

然當時東京形勢，誠如衛尉少卿膚敏所言：「今汴京蹂踐之餘，不可復處……建康實古帝都，外連江淮，內控湖海，負山帶江，為東南要會之地……別命忠勇大臣，總領六師，留守京邑……」這種情形宗澤豈不知，他所以屢上疏請高宗還京，主要是為了以他的忠義之言，激勵前方士氣，其次是向高宗陳述中原，河北人心尚在，汴京已聚眾數十萬，河北義民亦均結砦自保。新的戰車已在訓練，黃河已築砦設防。如果朝廷有決心，以汴京為據點，中原可保，金兵不足畏。再則將在外，每為朝中執政疑忌，這已成宋代後期弊病，亦是宋室武功不振的主因。宗澤雖是文臣，但在汴京招撫群盜，訓練兵馬，聲勢已大，他亦須不斷上疏請帝還都以防朝廷之疑。又他亦想以其一腔忠憤，激起高宗仗劍奮起，變成像明成祖掃蕩胡塵的勇武的皇帝。但這一點是他過份的奢望了，宋代的「秀才皇帝」（明成祖語），那能如此忽然大有為起來。

據《宋史》載，當時執政黃潛善、汪伯彥果有疑宗澤為變之心。乃以郭仲荀為副留守以察之。小人之用心，實在誤事。《宋史紀事本末》載：

建炎元年秋七月，宗澤憂憤成疾，疽發於背。諸將入問疾，澤矍然曰：「吾以二帝蒙塵憤憤至此，汝能殲敵，則我死無恨。」眾皆流涕曰：「敢不盡力。」諸將出，澤歎曰：「出師未捷身先死，長使英雄淚滿襟。」無一語及家事，但連呼過河者三而卒。年七十。

按宗澤為元祐六年進士，可以說是元祐舊人，故其風骨特高，然仕宦不達，蔡京當國，退居東陽，結廬山谷，靖康難起，始出而勤王。明張溥評曰：「澤智勇冠文武，忠義動天地，更事三主，功名不達，得時奮節，惟在高宗。乃三十年而淪滯空老，不二載而憂奮喪軀，生發電光之火，沒灑祁山之淚，英雄失路，孰有甚於宗忠簡者哉！」

李綱福建邵武人，宗澤浙江義烏人，均是東南忠義之士。李綱擬定計畫，宗澤鼓勵士氣，二人保守中原，伐金雪恥之志雖未酬，然南宋之所以能立國，此二人實有開創與鼓勵之功。

千古神明岳武穆

《左傳》上說：「聰明正直之謂神。」讀史見岳飛一生言行品節，真是神明般的人物。武穆英勇善戰，抵禦金兵之事跡，世人多能言之。本文只就其詩文、性情、品節方面略舉實例，以見岳武穆之器宇與眾不同。

一首《滿江紅》詞，是岳武穆人格的寫照。宋詞雖多，以此詞為最壯烈。這是岳飛駐軍襄陽時作，像「怒髮衝冠，憑欄處瀟瀟雨歇」及「三十功名塵與土，八千里路雲和月」，「待從頭收拾舊山河，朝天闕」等句，真足以振鑠千古。

其次是他的《五嶽祠盟記》一文，慷慨激昂，可作武穆的誓師宣言讀。茲引於下：

自中原版蕩，夷狄交侵，余發憤河朔，起自相臺，總髮從軍，歷二百餘戰，雖未能遠入夷荒，洗蕩巢穴，亦且快國仇於萬一。今又提一旅，孤軍振起，宜與建康之戰，一鼓敗虜，恨未能使匹馬不回耳！故且養兵休卒，蓄銳待敵。嗣當激厲士卒，功期再戰。北踰沙漠，喋血虜庭，盡屠夷種。迎二帝歸京闕，取故地上版圖。朝廷無虞，主上安枕，余之願也。

按南宋建炎初年，金兵渡江，杜充迎降於建康，高宗逃避海上。這時只有岳飛、韓世忠二軍與金人作戰。韓的水軍在江上，岳的步騎在江南。這時岳飛有牛首山之捷。建炎四年，岳飛克復建康。岳珂《行實編年》載，「武穆此時洒血誓眾，士皆感泣。」此記當即作於此時。

武穆初起時，隨河北張所。嘗謂所曰：「勇無足恃，用兵在前定謀。」所曰：「君殆非行伍中人。」汴京陷，飛結砦於河北，作游擊戰。《宋史》載：「飛引軍益北，轉戰於太行山下，擒金將拓拔耶烏。居數日，復遇敵，飛單騎持丈八鐵槍刺殺黑風大王。金眾敗走。」高宗即位，飛上書數千言謂：「宜於金人驕怠之時擊之。」並謂汪邦彥、黃潛善輩「不圖恢復，奉車駕日益南，不足繫中原之心，臣願乘敵人未固，車駕親征，六軍北渡，則將士作氣，中原可復。」這是武穆第一次請求出師北伐，書上，以越職言事奪官。宗澤留守東京，擢飛為將，時賊合眾五十萬薄南薰門。飛左挾弓，右運矛，橫衝其陣。賊亂，大敗之。澤謂飛智勇才藝，古良將不過，然好野戰，乃授以陣圖。飛曰：「陣而後戰，兵法之常，運用之妙，在於一心。」宗澤很佩服他的見解。

武穆文武兼資，光明正直，是有宋以來第一良將。北宋的積弱是由於重文輕武，矯枉過正，不信任將帥。北宋自太祖太宗以後，可說無一將才。非無人才，朝廷不敢用也。真宗時遼兵南下，舉國惶恐，南方士大夫多主遷都，幸有寇準力主親征，才穩住了局面，定下數十年和局。仁宗時與西夏戰，用宦官統兵，這些人全無軍事知識，遂致喪師失地。正如當時詩人蘇舜欽《慶州敗》一詩所寫：「國家防塞今有誰？官為承制乳臭兒。酣觴大嚼乃事業，何嘗識會兵之機？」這樣的人作統帥，反以為敵人不堪一擊，所以急於進攻。蘇詩云：「未成一軍已出戰，驅逐急使緣險巇。馬肥甲重士飽喘，雖有弓劍何所施？顛連自欲墜深谷，虜騎笑指聲嘻嘻。」後四句寫出冗軍飽食而無訓練的情形。於是敵人「一麾發伏雁行出，山下掩截成重圍。我軍免胄乞死所，承制面縛交涕洟。……守者沮氣陷者苦，盡由主將之所為。地機不見欲僥勝，羞辱中國堪傷悲。」這首詩是寫實的傑作，足補《宋史》之闕。

神宗時，王安石變法，也看出此一缺點。但保甲保馬等法，只觸及兵役及民兵制度，對於用人選將，仍未注意。他定下的辦法「京畿河北置二十七將，陝西五路置四十二將。」其實宋代缺乏的是衛青、李勣、岳飛、徐達那樣的大將，並不是缺乏部將。各地方驟然增那麼多部將，舊弊未除，冗兵更多了。安石整軍無效者在此。宋徽宗時，兵權操在童貫、王黼等小人手裡，使真將才無法出頭。但經過金兵入侵，舊時的官軍系統崩潰，於是民間的豪傑如岳飛等才得出頭，宋朝到此時才有了將才，這本是國家民族一大轉機。可惜皇帝的作風仍未改變，而文臣仍多主削諸將兵權者，所以這轉機不久也就失去了。

宗澤死後，杜充繼任汴京留守，金兵南下，杜充將棄汴京還建康。飛曰：「中原地尺寸不可棄，今一舉足，此地非我有，他日欲復之，非數十萬眾不可。」兀朮渡江後，杜充迎降。史載「充轄下諸將多行鏢掠，惟飛軍秋毫無犯。」「兀朮趨杭州，飛襲擊之於廣德，六戰皆捷。駐軍鍾村，軍無現糧，將士忍飢，不敢擾民。後屯襄陽，軍紀甚嚴，平時訓練，上坡跳壕，皆被重鎧習之。」自來能作戰的軍隊，一定紀律好，訓練好；後人有謂飛軍無紀律者，與史不符。「建炎繫要」載，飛駐襄陽時，朝廷派大臣視師，回報曰：「一軍皆有紀律，人人皆知忠孝，皆岳侯平時教訓之功。」高宗為之感動。

岳飛的又一長處是廉潔清高，他曾說：「文官不愛錢，武官不怕死，天下太平矣！」當時各路大帥如劉光世、韓世忠等都是姬妾盈室，聲色財貨無所不好，而飛則一生不蓄妾。關陝守將吳璘曾送他美女數人，飛均不受。「朝廷犒賞，均給軍吏，秋毫不入私囊。」每次出兵，盡招諸統制與謀，謀定而後動。以這樣公誠的態度，高尚的人格來統兵，將士怎能不自動效命。故當時各將均長於守，惟飛軍好野戰，能進攻。朱仙鎮之役，飛軍自襄陽一出，遂有銳不可當之勢。三代之下，以公誠治國者，有諸葛武侯；以公誠治軍者，吾得岳武穆。

紹興六七年間，飛上書曰：「金人所以立劉豫於河南，蓋欲荼毒中原，以中國攻中國。……臣欲陛下假臣日月，便則提兵趨京洛，據河陽陜府、潼關，以號召五路叛將，叛將既還，遣王師前進，彼必棄汴而走河北，京畿陜右，可以盡復，然後分兵濬滑，經略兩河，如此則劉豫成擒，金人可滅，社稷長久之計也。」這是武穆第二次請求出師。

劉麟等南侵敗回之後，飛又請並統淮右之兵，自商虢北伐。兩次請出師北伐未成，飛曾請辭兵柄。八年還鄂州與王庶書曰：「今歲若不舉兵，當納節請閒。」蓋岳飛在襄陽，經常派有間諜人員在金境活動，虛實盡知，認為北伐的時機已至，不應再延了。

紹興七年入見，高宗問飛有良馬否？飛曰：「臣有二馬，日啖芻豆數斗，飲泉一斛，然非精潔即不受。介而馳，初不甚疾，比行百里，始奮迅，自午至酉可二百里，褫鞍而不息不汗，若無事然。此其受大而不苟取，力裕而不求逞，致遠之材也。不幸相繼死。今所乘者，日食不過數升，而秣不擇粟，飲不擇泉，攬轡未安，踊躍疾驅，甫百里而力竭汗喘，殆欲斃然。此其寡取易盈，好逞易窮，駑鈍之材也。」高宗稱善。從這一段話裡，可以看出岳飛的器宇與抱負。

南宋在秦檜未為相以前，高宗和戰未定，一直有恢復的機會，故岳飛一再上言，請求北伐中原。直到秦檜入相，大勢始去。按秦檜被金人所俘，留金有年，深得金將達賚信任。後來把他放還，本負有誘迫高宗屈服的使命。蓋金族人少，無法統治全中國，非立傀儡不可。然先後所立的張邦昌、劉豫均失敗，又不敢信任趙氏，遂想出利用漢奸宰相來制服宋朝的辦法。秦檜是一個極貪殘自私的小人，亦想挾金人之勢以自重，來謀取朝廷的權位。正好宋高宗又是一個膽小苟安的人，又怕金人把欽宗送還汴京復辟，有此種種原因，秦檜遂夤緣得志了！這時金國內部諸將爭權，秦檜的後臺是達賚。達賚當權時，允許宋朝在稱臣納貢的條件下，歸還河南地以和。向異族稱臣，這本是很可恥的事，但高宗卻為此大赦天下，各將均加官進祿以示慶祝。加岳飛儀同三司，飛辭謝不受，辭表中有：「唾手燕雲，復仇報國」之語。又謂此事「可危不可安，可憂不可賀，可訓兵飭士，謹備不虞，而不可論功行賞，取笑於敵人。」

正當高宗與秦檜以為講和成功，非常得意之際，金國發生政變，達賚被殺。紹興十年，兀朮敗盟，四路大軍南侵，高宗下詔激勵各路將領抵抗。於是劉錡擊退兀朮主力於順昌府（今安徽阜陽），張俊王德捷於淮西，德克宿州，俊克亳州。中路岳飛軍牛皐捷於京西，孫顯捷於陳蔡。西路關陝曹成捷於大興，姚仲捷於鳳翔，楊從義捷於寶雞，吳璘捷於陝州。淮東邵俊王喜等捷於淮陽，楊沂中捷於柘皐，韓世忠捷於泇口。而岳飛一軍的主力更大捷於偃城，乘勝逐北，進軍至朱仙鎮，距東京四十五里。這時韓世忠別將解元亦克海州，進襲沂州。這時真是將士用命，處處克捷，本是南宋恢復中原最好的時機。於是岳飛在前方上書曰：「臣聞漢有韓信，項羽授首；蜀有諸葛，二主復興。臣雖不才，所望在此。乞為陛下深入敵境，復取舊疆，報前日之恥。伏望陛下察臣肝膽，表臣精忠。」

高宗得此表有猶豫之意，秦檜遂聯合張俊、楊沂中及諫官羅振等上書謂飛孤軍深入，是可危之事，勸高宗詔飛班師。並先使張俊放棄亳州退回壽春，令飛軍孤立，迫其退兵。秦檜之所以如此，完全是挾敵自重的自私的打算。因若北伐成功，他的重要性就失去了。可惜宋高宗為人過於文弱，非大有為之主，他若能於此時令關陝、河南、淮西、淮東各路大軍，一致前進，會攻汴京，渡河北伐，則不僅中原可復，燕雲十六州亦可收回，然後以長城為界，與金人講和，那才是「光榮的和平」。

這時有個久陷在敵境的張匯，反正歸來上書曰：「敵主懦將驕，且又離心，民怨而困，咸有異志，寇盜外起，親戚內亂，加以昔之名主良將，非誅即死，……此乃皇天悔禍，眷我聖宋，復假賊手，以去群凶。特以良時，付之陛下。」並謂用兵的上策在於渡河北伐。他說：「王師先渡河，則弊歸河北，不在中原。但能先渡河者，則得天下之勢。」又當劉錡在順昌擊敗兀朮時，正欲乘勝北進，而秦檜招錡班師。時徽猷閣待制浩皓在燕京，密奏「順昌之役，敵震懼喪魄，王師亟還，自失機會，為可惜也。」（二事均見《建炎以來繫年要錄》）此時金國情勢，已與元末無異，南宋如大舉北伐，必成破竹之勢。且這次戰事是敵人先開釁的，舉國憤慨，真是最好的反攻機會。此時若無內奸秦檜從中蒙蔽，高宗雖闇弱，亦不致失機至此！這是我國歷史上最堪痛心的事！

時滿朝諫官皆為秦檜的私人，檜又勾結張俊、楊沂中等武將助其和議之說。這時韓世忠已採明哲保身態度，雖也反對和議，但不敢得罪朝廷，態度遠不如岳飛忠直。岳飛遂成為唯一堅決主戰的人物。秦檜又利用宋朝歷代帝王厭惡武人干政的心理，從中破壞，所以岳飛恢復之志終於無成，而慨嘆「十年之功，廢於一旦」，且終以身殉也。

《宋史·岳飛傳》論曰：「自西漢而下，若韓彭絳灌為將，代不乏人。求其文武全器，仁智並施，如宋岳飛者，一代豈多見哉！史稱關雲長通春秋左氏學，然未嘗見其文章。飛北伐至汴之朱仙鎮，有詔班師，飛自為表答詔，忠義之言，流出肺腑，真有諸葛孔明之風。而卒死於秦檜之手。蓋飛與檜勢不兩立，使飛得志，則金仇可復，宋恥可雪。檜得志，則飛有死而已！……高宗忍自棄中原，故忍殺飛。嗚呼冤哉！」元代去宋未遠，這段評論最為恰當。正氣歌云：「時窮節乃見，一一垂丹青！」岳飛永不朽矣！

再論岳飛以忠直殉國

我國歷史上最使人痛心的事情，莫過於秦檜害岳飛一事，去年曾寫《千古神明岳武穆》一文，然意猶未盡，今再草成此文，以為前文之副。

有宋一代，懲五代武人篡奪之弊，重文輕武，不信任將帥，不免矯枉過正。故終宋之世，武將受制於文臣，缺乏良將，長期受外敵的威脅。太祖又有不殺大臣及諫官的遺命，歷世守之甚嚴，文人受到優禮，相權申張，諫官可以放言高論。遂形成一代優良的文治政府，培養出豐富的文化成就。然有利亦有弊，宋代誤國者亦皆為文人，蔡京、秦檜、賈似道其尤者也。

南渡之後，由於中原淪陷，舊時的官軍系統解體，又因時勢需要新軍以抵抗金兵，民間英雄才得出頭，且多為北方健兒。一時名將如岳飛、劉錡為今之河南人，韓世忠、李顯忠為陝西人，張俊及守蜀的吳玠、吳璘均為甘肅人。在北方作游擊戰的愛國詞人辛棄疾為今山東人。這些新起豪傑，遂形成一時的強兵，使金人膽寒。自來能戰能守始能和，高宗後來所以有資格與金人講和，全仗這些人的力量。

紹興十年以後，金國內亂，兵勢轉弱，此時南宋的兵力，不僅能守，且亦能攻。明朝史論家張溥說：「此時南宋如有一位中人之主，如東晉孝武帝，唐朝肅宗、代宗那樣的人，則驅韃虜出塞，並非不可能。」無奈宋高宗趙構文弱陰柔，毫無人君的剛嚴之氣，且亦受傳統不信將帥政策的影響，對新興諸將存有戒心。他唯恐諸將不尊朝廷，常有削諸將兵權的意思。在秦檜未得志時，宰相如張浚、趙鼎、呂頤浩等都是正人，無人願意在大敵當前之際為朝廷定計去對付諸將。秦檜則是一個極自私貪殘的人，為達到長保權位的目的，就利用他與金人的特殊關係，勸高宗向金人稱臣納貢，屈膝求和，並定下明升暗降、削奪諸大將兵權的陰謀。這就是紹興十一年，升三大將（岳飛、韓世忠、張俊）為樞密使（相當於今日的國防部長、參謀總長），而奪其兵權的事情。內中張俊已與秦檜勾結，故作陪襯，主要是對付岳飛與韓世忠。這時高宗已接受金主的冊封，向金主自稱曰「臣構」，而秦檜原就是金人放回的漢奸，這樣的一君一相，中國的忠臣義士之將遭殃，是必然無疑的了！堪歎那些愚忠愚孝的人，尚在為一姓效忠，而不能更進一步發揮「攘夷復仇」的大義。然這些名將後來或隱或廢，都能保其首領，為甚麼獨獨非殺岳飛不可呢？這與岳飛的忠直氣質有關。

史稱韓世忠、劉光世、張俊諸大將皆好酒色貨財，韓至晚年尚有辱逼部下妻女的事。岳飛的私生活則甚嚴肅，他一生不積財，不蓄妾，川陝大將吳玠曾送他歌姬數人，他婉謝不受，曰：「主上宵旰，豈大將安樂之時？」飛練兵甚嚴，常命士卒重鎧跳壍，有過失先罰其子岳雲以示公平。因此軍紀甚佳，所至秋毫無犯，軍士雖忍飢不敢強取民物。朝廷有賞賜，飛盡頒士卒，不蓄私財。惟好飲酒，高宗曾誡之曰：「卿異時到河朔乃可飲。」飛從此不飲，後來擊敗兀朮，進兵朱仙鎮，故有「直抵黃龍府與諸軍痛飲」之語。他事母至孝，在軍中能納眾議，每出兵，必集諸統制商議，謀定而後動。以這樣純潔公正的人物，其忠直之氣愛國之心，亦必超於常人，所以他常常向朝廷進言，遂成為招禍之一因。

其次是岳飛雖係武人，但他的學問、器識均不亞於進士出身的文士。其他武將均出身行伍，如張俊、劉錡、楊沂中、王德等均奉令進退，對國事無何意見，即有亦不敢表示。惟岳飛、韓世忠對朝廷的和戰大計時進忠言，岳飛進言尤多。宋朝武人干政是大忌諱，岳飛初起時即因越職言事受過處分，但他仍進言不止。而最使高宗震動的一次，是他建議高宗建立太子一事。《建炎以來繫年要錄》載：

紹興七年，起復湖北京西宣撫使岳飛以親兵赴行在，翌日，內殿引見，飛密奏請正建國公皇子之位，人無知者。及對，風動紙搖，飛聲戰不能句。上諭曰：「卿言雖忠，然握重兵於外，此事非卿所當預也。」飛色落而退。

又《張戒默記》載：

薛弼（岳飛的參謀官）過建康謂戒曰：「弼之免於禍，天也！往者，被旨從鵬舉（飛字）入覲，與鵬舉遇於九江之舟中。鵬舉曰：『某此行將陳大計。』弼請之，鵬舉云：『近諜報敵人以丙子元子（可能是欽宗之子）入京闕，為朝廷計，莫若正資宗（建國公）之名，則敵謀沮矣。』弼不敢應。抵建康與弼同日對，鵬舉第一班，弼次之。鵬舉下殿，面如死灰。弼至，上曰：『飛適乞正資宗之名，朕諭以卿雖忠，然握重兵於外，此事非卿當預也。』弼曰：『臣雖在其幕，然不預聞。昨到九江，但見飛習小楷，況密奏皆其自書耳。』上曰：『飛意似不悅，卿自以意開喻之。』嗟呼！鵬舉身為大將，越職至此，其取禍宜哉！」

上面所引，大概是岳飛被害後薛弼回想的話，這件事當時使得君臣雙方都很尷尬。按建國公，為高宗撫養的太祖的遠孫，即孝宗。高宗雖無子，時年方三十，未必後來永不生子。宰相趙鼎曾有此建議，秦檜即譖之曰：「鼎欲立太子，是謂陛下終無子也！」趙鼎從此得罪。且岳飛以前曾在資善堂與建國公談話，孝宗為人英武，一意恢復，與岳飛很談得來，飛出謂人曰：「社稷得人矣！」今又有此建議，高宗這時正想稱臣講和，與岳飛意見相左，多心的想法，可能以為岳飛準備將來擁立新君，報仇雪恥。至於這事秦檜背後怎樣説更不難想像了。

岳武穆為人率直，做事只論是非，不知忌諱，更少機心。在秦檜未為相以前，朝廷大臣如張浚、趙鼎、張宗元等都是正直的人，他們都説岳飛忠孝，即有意見不同之處，均公開辯爭，不存私心。故高宗對岳飛亦極推許，不次提拔，從列校一直升到宣撫使、太尉。這使張俊、韓世忠等資格較老的將領不免嫉妒。韓世忠是有學識的人，後來終與岳飛諒解，而群盜出身的張俊則始終嫉忌岳飛，終與秦檜同謀害飛。「建炎繫要」載：紹興七年，朝廷罷免劉光世，高宗將淮西一軍交岳飛兼統，後來宰相張浚議另置統帥，謂飛曰：

「王德淮西所服，浚欲以為都統，而命呂祉以督府參謀領之。」飛曰：「德與酈瓊，素不相下，一日握之在上，則必爭。呂尚書不習軍旅，恐不足服眾。」浚曰：「張俊、楊沂中如何？」飛曰：「張宣撫飛之舊帥也，其人暴而寡謀，尤瓊所不服；沂中視德等耳，豈能御此軍哉！」浚憮然曰：「固知非太尉不可！」飛曰：「公以正問飛，飛不敢不盡其愚，豈以得軍為念哉！」

這一段話最足以表現岳飛的忠直，但此話一傳出去，得罪不少人！他的老上司張俊與同僚楊沂中後來都與秦檜勾結，專與岳飛為敵，未始非因此之故。至於他同張浚之意見不合，雖是「君子與君子之爭」，本人雖未成仇，但卻予小人以利用的機會。後來張浚不聽岳飛的話，派王德為淮西軍統帥而以文人呂祉為監軍，果然發生酈瓊叛降劉豫之事。為此事張浚罷相，秦檜升為樞密使，而岳飛亦憤而辭職，入廬山守母墓不出。

此時正是金兵與劉豫聯合入寇，而淮西守將酈瓊又新率數萬眾降劉豫，軍情緊急，豈容岳飛請辭？於是高宗一再使人召飛，飛堅決不出。後來高宗命王貴、李若虛親到廬山勸飛，有「若再不出，即並行軍法」之語。李若虛至東林寺見飛，飛仍不肯出，若虛曰：「相公謂可與朝廷相抗乎？」飛乃受詔，赴行在，張浚俱道上所以眷遇之意，且責其不俟朝廷批准即棄軍而廬墓，命飛上表待罪。高宗曰：「朕實不怒卿，若怒卿則必行譴，太祖謂犯吾法者惟有劍耳！」這話也夠嚴厲了！「建炎繫要」載，時秦檜在樞密院，「見飛舉止，已有忿忿之意矣！」蓋岳武穆為人太純潔、忠直，實不宜在政治場合周旋，而他偏又關心國事，屢陷身於朝廷政治漩渦之中，這也是一大危機。

宋高宗惟恐諸將不尊朝廷，但又要向敵人屈膝求和，在力能恢復之時，向荼毒君親的大仇稱臣割地，這又如何使人尊敬呢？所以非削諸將兵權，殺抗敵名將不可了！明張溥評曰：「構既無良，檜尤凶醜，君臣魚水，專戮干城」者是也。

紹興九年，金將達賚當政，他是秦檜的後臺，遂在宋朝稱臣納貢的條件下許歸河南地。這時金使以「江南召諭使」的名義來臨安，並要宋帝親至館舍叩拜，這真是奇恥大辱，全國憤慨。然高宗反為此大赦天下，大事慶祝，各大將均加官進祿，以示安撫。如岳飛「儀同三司」，飛堅辭不受，且上表曰：「唾手燕雲，復仇報國……」又曰：「此事可危不可安，可憂不可賀，可訓兵飭士，謹備不虞，而不可論功行賞，取笑於敵人！」忠言逆耳，這無異與高宗、秦檜以最大的難堪，殺機可能就伏在此時了。

一個人格高尚、心地光明的人，多不能容惡，見不得黑暗的事情，岳飛就是這樣的人，何況岳飛當時只有三十多歲，正是壯年氣盛的時候。他天性忠孝，私生活又嚴肅，這樣光明正直的人，對於向仇敵屈膝投降怎能不反對呢？《宋史．岳飛傳》論：「岳飛與秦檜誓不兩立，飛得志則中原可復，宋恥可雪，檜得志，飛有死而已！」像張俊那樣與秦檜勾結以取富貴，飛固不能；即如韓世忠騎驢西湖上，明哲保身的作法，亦非岳飛所能耐。他只有為和戰奮鬥到底，寧死不屈。岳飛之死與後來文天祥的殉國，都是中華民族的人格國格與天地正氣之所繫的。

南宋名相張浚

世人談南宋抗金故事，每好引岳飛、韓世忠。實則當時真有決定性的人物，首推綿竹張德遠（浚）。蓋岳、韓諸人只是一方之將帥，而張浚則是朝廷上統籌全局、決定大計的中心人物。民間因受小說戲劇的影響，均知有岳韓而不知有張浚；又因當時另有一個張俊（此人曾與秦檜合謀害死岳飛），不察者每將二人混淆不清，故特為此文以稍事表揚。

南宋初年的人物，對敵人有三種不同的態度：一是李綱、宗澤、陳東、岳飛等人，他們都主張保守中原，報仇雪恥，不顧一切與金人戰鬥。這些人有志氣亦有辦法。其中李、宗二人是有名的將相，代表當時有作為的士大夫。陳東是太學生的領袖，代表當時的愛國青年。岳飛是起自民間的豪傑，志氣如虹，有膽略，不怕死，是民間新起的戰士。這些人當時如不受朝廷和議的掣肘，則以中國廣土眾民，驅逐七八萬游牧民族的侵略軍隊，是不成問題的。

第二類是主張南遷避敵，依江淮之險，建立基礎，徐圖恢復的人。張浚、趙鼎、呂頤浩等人都是如此主張的。所以高宗初即位時，以李綱為相，張浚曾上疏劾李綱募兵買馬堅守兩河之非，而附和黃潛善等的南下避敵之計。「建炎繫年要錄」上歎此為「君子與君子之爭！」

第三類則為苟且偷安，不惜委曲求全，靦顏事仇，根本不想恢復中原的人物。這類人物以黃潛善、汪伯彥、秦檜等為代表。

北宋的士大夫原就有變法與保守兩派黨爭，入南宋後又一變而為主戰主和兩派。不幸宋高宗本人也傾向於苟安，所以李綱、宗澤的主張終不能行。然退到江南之後，設無張浚的籌劃，岳飛、韓世忠的抵抗，則偏安一隅的局面，亦不能建立。高宗退到江南之後，原不惜再屈膝求和的，無奈金人當時不信任趙氏，立劉豫為中原傀儡，並幾次連兵南侵，迫使高宗雖欲為傀儡而不可得。這時內部又發生苗劉兵變，賴張浚號召勤王，高宗始得復位。在這種情勢之下，高宗才大用張浚，聽信他所訂的經略關陝，牽制金兵南下；督師剿撫湖南諸盜，以固後防；並奏請留岳飛屯襄陽以圖中原；部署韓世忠、劉光世於淮東西以固江防等大計。

苗劉之亂，將高宗左右的內侍殺盡，高宗親信的軍人叛亡，這時鎮守濟南的劉豫做了傀儡皇帝，總閫江浙的杜充又迎降了兀朮，黃潛善、汪伯彥等亦因獲罪遠竄，朝廷上一時起了去腐的作用。而當時岳飛廣德新城之捷，韓世忠江上之戰，張浚勤王之師，都代表新生的力量。高宗至此別無憑藉，亦不得不信任這般新人物了。所以自苗劉亂後至秦檜主和這一階段是南宋最有為的時期（建炎三年至紹興八年約十年光景）。而這一時期的中心人物則為張浚。張浚在這一時期的設施，真不愧為雄才大略，而尤其難得的是他那種英明剛正的氣質，真有使貪夫廉、懦夫立，挽狂瀾於既倒的氣概。《宋史》上有這樣一段記載：

張浚在秀州議勤王之師，一夕獨坐，從者皆寢，忽一人持刃立燭後。浚知其為刺客，徐問曰：「豈苗傅、劉正彥遣汝來殺我乎？……若是取吾首以去可也。」曰：「吾亦知書，寧肯為賊用，況公忠義如此，豈忍害公，恐公防閑不嚴，有繼至者，故來相告耳！」問其姓名，俛而不答，攝衣躍而登屋，屋瓦無聲。時方月明，去如飛。

這一段故事，未必全是事實，然由此已可見當時人對張浚的景仰。張浚自從勤王以後，獲得高宗的信任，他的功業可分為下列數項：

一、經略關陝，以保巴蜀

「建炎繫年要錄」載：高宗在杭州，問大計於張浚，浚曰：「中興當自關陝始，慮金人或先入陝窺蜀，則東南不可保。請自任陝蜀之事，別遣大臣與韓世忠鎮淮東，令呂頤浩扈蹕來武昌，復以張俊、劉光世與秦州相守尾。」帝然之。這是宋室南渡以後，第一個統籌全局，圖謀恢復的計畫。又《宋史紀事本末》載：

> 建炎三年冬十月，張浚治兵興元（漢中）以圖中原。浚上疏言：「漢中實形勢之地，前控六路之師，後據兩川之粟，左通荊湘之財，右出秦隴之馬，號令中原，必基於此。」

像這樣的疏奏，李綱罷相以後，久不聞於朝廷了！於是他承制拜關陝宿將曲端為威武大將軍，欲仗其聲威以敵金人，《宋史》本傳載：

> 浚抵興元，金人已取鄜、延，攻永興，諸將莫肯相援，浚至即出行關陝，訪問風俗，罪斥姦贓，以搜攬豪傑為務，諸將惕息聽命。

關陝本是宋代防禦西夏的基地，所以那裡尚屯有五路大軍，但北宋末年，各地官軍都已衰老驕惰，侮慢其長上，為甚麼對張浚這位青年宣撫使反能惕息聽命呢？這不僅因他有勤王之功，亦因張浚的聲望風格有過人處。如《宋史》載：南渡之際，軍無紀律，張浚首參韓世忠軍驅逼諫官入水而死，削其觀察使，人始知國法。後又誅悍將范瓊於臨安，責其在汴京被困時，協助金人，逼君后、太子、宗室北行之罪。這些舉動都足以振奮人心，使人敬畏。張浚當時的行事和風範，可以說是李綱的繼承者。

張浚在關陝，雖能統馭諸將，但那五路將領，都畏懼金兵，不敢進攻。張浚聞兀朮留江淮，恐其復渡江南侵，謀出兵牽制。曲端曰：「平原廣野，敵便於衝突，而我軍未嘗習戰，金人新造之勢，難與爭鋒，宜訓兵秣馬，保疆而已，後十年乃可。」這話也許有他的道理，但張浚西來，志在牽敵，絕等不到十年。這明明是老將驕惰因循畏縮的話。所以張浚將曲端罷免了。於是他集合五路之兵向東進攻，克復永興。金兀朮果然放棄東南，率兵西來決戰。建炎四年九月，兩軍大戰於富平，浚兵敗績。然金將粘罕云：「自吾入中國，未嘗有敢攖吾鋒者，獨張樞密與我抗。」這是金人入侵以來第一次大會戰，也確實收到牽制金兵南下的效果。然張浚當時如能採用他的參軍劉子羽、統制吳玠的建議，不與兀朮會戰，「各守要害，待其弊而乘之。」則一樣可以收牽制之效而不致大敗。大概張浚之為人，與北宋寇準相似，「志大於才」（明張溥語），「喜事而疏」（宋朱勝非語），然在舉國畏懼，士氣消沉的時候，這樣的人物是不可少的。

二、督師長江，聲討劉豫

宋高宗是個陰柔的人，他在金兵南侵，國事緊急的時候就重用張浚、岳飛這些抗敵人物，局勢稍定，則始終不忘和議。高宗主張多變，或許為張浚始料所不及，他本以為在他立下「補天浴日」的勤王之功以後，可以獲得高宗長期的信任，可以專心圖謀恢復中原。所以在他自川陝歸來貶官福州以後，就上書言和議之不可恃。適此時金兀朮與僞劉麟大舉南下，高宗聽宰相趙鼎之薦，遂又起用張浚為樞密使，督師長江。《宋史》本傳載：

浚受命即日赴江上視師，時兀朮擁兵十萬於揚州，約日渡江決戰。浚長驅臨江，召韓世忠、張俊、劉光世議事。將士見浚，勇氣百倍。

這時張浚與趙鼎同在中樞，史稱賢相。他們一方面整頓軍事，部署迎戰，一方面也作了幾件振奮人心士氣和安定後方的事。如(1)會諸將於江上，宣告劉豫叛逆之罪。(2)建議朝廷下詔褒揚太學生陳東的忠烈，這等於高宗下詔罪己，因為太學生領袖陳東，是高宗聽了黃潛善的讒言而殺了的。(3)激勵高宗駕幸建康（今南京）御駕親征。(4)乘金人北退之際，張浚親赴湖南督師，剿撫群盜，在他與岳飛合力之下，不到半年，兩湖悉平，使川陝與東南相通連。

可惜當時金人已知運用政略與計謀，否則南宋是可以復興的。《宋史》載：「金兀朮在淮北欲與韓世忠約戰，世忠使王愈報之，且言張樞密已在鎮江。兀朮曰：『樞密貶嶺南，何乃在此？』愈出浚所下文書示之。兀朮色變，遂有歸意。」從這段記載可以看出金人對張浚的顧忌，且可見其對宋朝用人之注意。金人以後運用秦檜逐張浚、殺岳飛，迫使高宗稱臣講和，完全是政治運用的成功。在軍事上，金兵自這次戰敗以後，已轉為劣勢，再加以內部不和，屢起衝突，更分散了力量。而南方則士氣反漸旺盛，如韓世忠、劉錡、楊沂中等都很能作戰。那全由民間豪傑組成的新興實力「岳家軍」更銳不可當。可惜宋高宗當年未認清這種情勢，或別有私心而仍一意求和，遂使復興的機運白白逝去而中原終不光復。

三、局勢逆轉

紹興七年金人與僞齊太子劉麟聯兵南下被擊退之後，宋軍中卻發生酈瓊叛降劉豫的事情。當時沿江四大鎮，以岳飛的兵最為精銳，紀律亦最嚴。韓世忠部次之，張俊又次之，劉光世部紀律最壞（有如近世所謂雜牌隊伍）。當金劉聯兵南侵時，各路都奮勇抵抗，惟劉光世放棄廬州（今皖北合肥），將由采石退到江南。張浚聞訊一面急調岳飛自鄂馳援，一面親臨采石坐鎮，宣喻：「有一人過江者立斬。」光世懼，率部回原防固守。事後張浚追究責任，請朝廷罷免劉光世。這事當時就有人認為不妥，因為劉光世這部分隊伍，多係收編的群盜與潰卒，部將王德與酈瓊又不合，只有劉光世那種寬大隨和的老上司才能統馭，換了別人，問題更多。劉光世罷免後，這部分隊伍一時找不到合適的人作統帥，朝廷就交由岳飛兼領，岳飛為人光明磊落，英武蓋世，作此軍的統帥自無問題。「建炎繫要」載：秦檜此時已在樞密院，忌岳飛併兵與梗阻和議，勸浚（按此時浚為左相兼樞密使都督江上兵馬，檜為樞密副使）別立統帥。浚遂奏請以王德為此軍都統，而命督府參謀呂祉領之。岳飛當時即謂「王德與酈瓊不合，一旦位在其上，則必爭。呂尚書不習軍旅，恐不能服眾。」張浚不以為然。大概張浚為人，正直有餘，識斷不足，有時不免為小人所利用，與正人君子發生衝突。這是一般心地坦白的人常有的通病。張浚因為本身人格嚴正，賞罰必信，對下的態度不無操切之處，有時為了急於事功，不能審時度勢，三思而後行。如他在川陝殺曲端、此次罷免劉光世都招致了不良的後果。後來酈瓊終因與王德不合，恐德害己，脅著監軍呂祉，北降劉豫去了。（呂祉到僞齊界上，堅決不履僞土，被殺。）其實這不過是此次戰役中的一個波折。這次抗戰既獲勝利，這一波折並不足影響大局。但一意求和的宋高宗卻借此機會罷免張浚的相權了。這次最成功的是秦檜的奸術。由於他建議不讓岳飛兼領而另立王德為帥，遂使岳飛請辭，酈瓊叛變，張浚罷相，一石數鳥。而他卻夤緣而升到副相。

按張浚因與高宗的關係深，又有勤王之功，一般士大夫多與他結交以圖進身。秦檜自金逃回，亦竭力事浚。《宋史》載：

張浚常與趙鼎論人才，浚極稱檜善。鼎曰：「此人得志，吾輩無所措手足矣！」及鼎再相，檜在樞密，一惟鼎言是從，鼎由是深信之。

這是秦檜以「術」籠絡張浚、趙鼎的例子。君子人心地坦白，以誠待人，有時不免上當。後來秦檜以趙鼎之薦，作了副相，位僅在張浚下。及酈瓊叛降，張浚引咎辭職，高宗問秦檜可否代他主政？浚曰：「近與共事，始知其闇！」但為時已晚，秦檜已利用他和趙鼎的提攜而擅權起來了。從此奸相在內，將帥孤立，光復之業，中道而斬！

四、孤忠耿耿，屢上諍言

張浚在罷相遠謫後，仍屢次上書說：「臣以至愚，獲遭任用，每感慨自期，誓殲敵讎。十年之間，親養闕然，爰及妻孥，莫之私顧……」並力言和議不可恃，應乘此時機，規復中原。但高宗此時已聽不進這樣的忠言了，他以前雖也曾對張浚、岳飛等說過：「有臣如此，朕復何憂！」或「天豈以中興之功付卿乎？」但在後世看來，這都是沒有誠意的敷衍之辭。蓋人的品性志節不同，雖義屬君臣，亦不易長久相處。但高宗與秦檜則一見如故。《宋史》載：秦檜自金逃回，入見，首奏所草與撻賴求和書（內容是請金人相信趙氏），帝謂輔臣曰：「檜樸忠過人，朕得之喜而不寐！」又謂給事中陳瑀曰：「然檜誠實，但太摯耳。」這固然由於秦檜有一套奸術，能做得「大奸似忠」，但氣味相投則是最大原因。

紹興八年，金人遣使以招諭江南為名，要宋朝稱臣，張浚認為有辱國體，五次上書力爭。但高宗此時已原形畢露，不再說什麼「天豈以中興之功付卿乎？」而說：「誓死不用此人」了！因為這時南宋已經穩定，金人已暫無力南侵，若用張浚，則非反攻北伐不可。張浚與岳飛是「終生不言和議」而「只喜人向前」的人。以決心求和的高宗，怎還能再用張浚？

紹興十年，金人敗盟，又大舉南侵，張浚又奏：「因權制變，則大勳可集。」因大治海舟千艘，為直搗山東之計。按理說這次金人敗盟，秦檜應該罷相的。但一反慣例，秦檜竟連任下去，繼續屈膝求和。時前方劉錡已敗金兵於阜陽，岳飛更進兵至汴京附近的朱仙鎮。高宗不於此時起用張浚，督江淮各鎮協助岳飛，出師北伐，反聽秦檜計頒下十二金牌調回岳飛。以戰勝之師，棄中原而退守淮河。高宗之為人可以想見！

《宋史・張浚傳》有下列一段記載：

紹興十六年，浚極欲論時事，恐貽母憂。母訝其瘠，問故，浚以實對。母誦其父對策之語曰：「臣寧言而死於斧鉞，不能忍不言以負陛下。」浚意乃決。上書言：「今事勢如養大疽於頭目心腹之間，願陛下謀之於心，謹察情偽，使在我有不可犯之勢，庶幾社稷安全，不然後將噬臍。」秦檜大怒……

這一段寫賢母忠臣的態度，令人感動。《宋史》載浚去國二十年，天下無賢不肖莫不傾心慕之，武夫健卒言浚者必咨嗟太息，至兒童婦女亦知有張都督。金使至亦必問浚所在。有這樣一個有德望的人在外，自為秦檜的大忌，所以他於誣殺岳飛之後又想陷害張浚了。《宋史》載：「秦檜怙寵固位，懼浚為正論以害己，令臺臣有所彈劾，論必及浚。反謂浚為國賊，必欲殺之。」後來秦檜派他的心腹人張炳、汪名錫等到湖南，使他們設法害張浚。又派張常先到江西審宗元的案子，故意株連張浚。後又把趙鼎的兒子趙汾逮捕，誘他誣攀張浚謀反。幸而秦檜不久就死了，事情才緩和下來。另因宋代自太祖訂下規矩不殺大臣和言官，所以張浚得保首領。岳飛吃虧是行伍出身，不能算是朝廷大臣，所以就被害了。

「建炎繫年要錄」載，金主亮舉國南侵之際，南宋兩淮樊籬盡失，局勢危殆，高宗不得已，又起用張浚為建康留守。高宗幸建康，浚迎拜道左。高宗執浚手曰：「吾其負卿！」浚曰：「若非陛下迴護，吾死賊檜手久矣！」君臣寥寥數語，不勝蒼涼。高宗自用秦檜為相對金稱臣後，秦檜挾金人以自重，大權獨攬，當國二十年，高宗傀儡而已。此時也許已經覺悟，但士氣已衰，英雄已老，無可奈何了！

五、最後的反攻

《宋史》本傳載：

紹興三十一年，金主亮兵大入，王權兵潰。命浚判建康府兼行營留守。浚至岳陽，買舟冒風雪而行。遇東來者云：「敵兵方盛，采石烟炎漲天，慎無輕進。」曰：「吾欲赴君父之急，知直前求乘輿所在而已。」時長江無一舟敢行北岸者，浚乘小舟徑進至池陽。聞亮死，餘眾猶二萬屯和州。李顯忠在沙上，浚往犒之。一軍見浚，以為從天而降。

讀了這一段文字，猶可想見張浚老當益壯的英風。次年高宗內禪與太子瑋，是為孝宗。高宗此時五十五歲，並非太老，而太子瑋又是他撫育的太祖的遠孫，而非親生，但他卻堅決讓位，立刻出宮，且說：「付託得人，吾無憾矣！」他信奸人，殺良將，忍恥辱國，厚顏事仇，其罪甚大！獨於此事倒是一片公心。故《宋史》評曰：「以之繼體守文則有餘，撥亂反正則不足。」他此時或亦有無顏對江東父老之感吧？否則為何亟亟於內禪呢？

孝宗即位後，由於積憤已久，亟思收復中原，報仇雪恥，立即起用張浚。紹興三十二年七月，帝手書召浚入見。浚至，帝改容曰：「久聞君名，今朝廷所恃惟公。」浚見帝英武，力陳和議之非，勸帝堅意以圖恢復。

孝宗隆興元年，正月，以張浚為樞密使，都督江淮東西路兵馬，開府建康。孝宗並向浚子張栻說：「朕倚魏公如長城，不容浮議搖奪。」於是接受張浚北伐的建議，怕朝臣反對，不經過三省，直接命令前方將領。於是李顯忠、邱宏淵等自淮上出兵，克靈壁，收復虹縣，金守將蕭琦、滿察圖、穆大、周仁等皆降。接著進攻宿州，斬首數千，擒八千餘人，克復宿州，中原大震。帝手書勞張浚曰：「近日邊報，中外鼓舞，十年以來，無此克捷。」這是張浚最後的反攻。惜當時經過長期講和之後，已無紹興初年那樣的精兵可用，當年的宿將亦凋謝殆盡，張浚孤掌難鳴了！金兵援到，宿州得而復失。於是秦檜餘黨湯思退等乘機再倡和議，金宋改訂和約，宋取消稱臣而以叔父之禮事金。隆興二年八月浚薨。這位南宋的開國功臣與反攻的象徵人物從此長逝。我們今日設想，紹興十年金人敗盟，是南宋反攻最好的時機，那時屈在金人，全國憤恨，士氣昂揚，兵力充沛，岳飛進攻中原得手，兩河豪傑聞風響應。高宗若於此時命張浚督師北伐，則不僅中原可復，且可驅金人出塞。明張溥評曰：「建炎、紹興有臣無君；隆興、乾道有君無臣……孝宗終不能展漢武之志，時亦無可如何也！」

趙鼎與韓世忠

南宋的名將相，除岳飛與張浚外，就要推趙鼎與韓世忠了，南宋之所以能在江南立國，主要靠上述四人。不過岳飛、張浚主張進攻，二人初期的功業在長江上游，岳飛在荊襄，張浚在川陝，以攻勢牽制敵兵。趙鼎則在金人與劉豫進攻時，在中樞主持大計，佈置江防。而韓世忠的兵則在鎮江揚州淮陰一帶，守住長江的門户。世忠且曾於建炎二年金兀朮第一次渡江回師之時，以舟師八千人邀擊於蘆花蕩，與金人在江中相持，使兀朮被困四十八日，從此不敢再渡長江。當時宋兵多潰，惟世忠以輕兵邀之，膽識過人，其夫人梁氏親執桴鼓以勵士卒，更傳為佳話。真所謂國之干城也。

《建炎以來繫年要錄》載，紹興四年，高宗因金人又將南侵，留川陝都督趙鼎為相，朝士動色相慶，足見其聲望之隆。時金人挾劉豫進攻，聲勢浩大，以高宗之怯，朝中如無人主持大計，再像上次似的避敵入海，讓金兵渡江，則偏安之局亦難保持。繫年要錄載，時淮西宣撫使劉光世密遣屬官告趙鼎曰：「相公本入蜀，有警乃留，何故與他負許大事？」是守江諸將已有玩忽之意。鼎乃乘間進言：

今日之勢，若敵兵渡江，恐其別有措置，不如向時尚有復振之理。戰固危道，有敗亦有成，不猶愈於退而必亡者乎？且金齊俱來，以吾軍力對之，誠為不侔，然漢敗王尋，晉破苻堅，特在人心而已……

堅定高宗迎戰的決心，是趙鼎的第一功勳，其次他又建言起用張浚赴江上督師。繫年要錄載，紹興四年冬十月，鼎見高宗雖已親征，然沿江諸將指揮權分散，乃建議「張浚可當大事，顧今執政，無如浚者，陛下若不終棄，必於此時用之。」高宗乃將張浚自福建召回，起用為知樞密院事，往鎮江督師。不久即命浚與趙鼎同相，並成立都督府以統一江防指揮。趙鼎又向高宗進言：

自古用兵，不能保其必勝，事至即應之，庶不致倉猝萬一。金人如渡江，陛下當親總衛士，趨常潤督諸將，乘其未集，併力血戰，未必不勝。或遏不住，則由他道歸臨安，堅守吳江，敵亦安能深入？臣與張浚分糾諸將，或腰截，或尾襲，各據地利，時出擊之，敵亦不敢自肆。惟不可聞渡江便退，即諸將各自為謀，天下事再不集矣！

真有破釜沉舟的決心。時金人有將劉豫驅入江南之意，仍不信趙氏，高宗無路可走，亦只好採納趙鼎之謀，併前一戰了。繫年要錄又載：

時主管殿前司公事劉錫、神武中軍統制楊沂中見鼎曰：「探報如此，駕莫須動（可以移動之意）」，鼎曰：「侯敵軍渡江，方遣二君率兵趨常潤二州，併力一戰，以決存亡。」錫等同聲曰：「相公可謂大膽！」鼎曰：「事已至此，不得不然！」

其應戰態度如此！當時士氣不振，鼎又請高宗下詔褒揚故太學生陳東以勵士氣。此時中樞若無趙鼎，則守江諸將玩忽，張浚遠在福建，呂頤浩亦不在位，高宗如真逃避，其情勢將不堪設想。這是關係南宋存亡的一戰，而指揮若定，主持大計的人即是趙鼎。

韓世忠於這次戰役，則是前方主力。世忠不僅能戰，且風格甚高，有忠義之氣。在當時宿將中，多忌新起之岳飛，惟世忠終與武穆同心，共圖恢復。這次金豫南侵，當時派往金兵講和使者魏良臣即言世忠聞金兵至，「奮袂怒髮，遂統全軍，絕江伺便以進，其行踴躍，如赴私仇，議者謂必能成功……」可見世忠氣概。魏良臣這次經過韓世忠防地，前往北方，世忠於魏良臣過境時，告良臣已奉詔撤兵往鎮江，暗中卻佈置迎擊金兵。《宋史．韓世忠傳》載：

世忠度良臣已出境，即上馬令軍中曰：「視吾鞭所向。」於是引軍次大儀鎮，勒五陣設伏二十餘所，約聞鼓即起擊……金將「聶兒孛董」聞世忠退甚喜，引兵至江口，距大儀鎮五里，別將「撻孛也」擁鐵騎過五陣東。世忠傳小麾鳴鼓，伏兵四起，旗色與金人雜出，金軍亂，我軍迭進。背嵬軍各持長斧，上砍人胸，下削馬足，敵被甲陷泥淖，世忠麾勁騎四面蹂躪，人馬俱斃，遂擒達也等二百餘人……

這一次戰役的精彩，不亞於當年有名的蘆花蕩之戰。使金兵喪膽。這是宋紹興四年十月的事。金兵這次入侵終於退走，與大儀鎮之前鋒挫敗有關。同年十二月金兵主力湧到，右副元帥完顏昌在泗州，右督監宗弼屯竹塹鎮。以書幣遺淮東宣撫使韓世忠約戰。繫年要錄載：

方與諸將飲，世忠即席遣伶人張軫、王愈以橘茗為報。報書略曰：「元帥軍士良苦，下書約戰，敢不疾治行李以奉指揮也。」一時金軍既為世忠所扼，會大雨雪，糧道不通，至殺馬而食……夜引還，劉麟、劉猊亦遁去，西北大恐。

「即席遣伶人相報」，這是何等好整以暇的風度，足以寒強敵之膽，使其知難而退。以後金人南侵，亦不再攻淮東而專攻較弱的淮西一路了。南宋的江防從此鞏固。

韓世忠的長處，是他與岳飛一樣，始終不忘恢復中原，且屢次向朝廷進言反對和議。這是當時其他戰將如劉光世、張俊、楊沂中、劉錡、王德、吳璘、吳玠等所不敢言或不願言的。因宋朝武將參預朝廷大計，是大忌諱，且常為宰相嫉忌。但韓、岳二人精忠為國，故終遭秦檜之忌。後金人廢劉豫，高宗與秦檜方暗中相慶，以為謀和可成，而岳飛與韓世忠同時上書，請乘此機會，進攻中原。前相呂頤浩亦請朝廷於金人敗退之際，北伐中原。他的書中說：「兵法所謂，彼入我出，彼出我入，不二三年，則中原之地，大河之南，必為我有矣。」高宗均不能用。

紹興十年，金人敗盟南下，岳飛進兵中原，前鋒至朱仙鎮，世忠亦大捷於泇口，克復海州，進攻沂州。這時中路的主將張俊亦進至宿州，他如能與韓岳一致行動，則大勳可成。惜此人早忌韓岳之功，已與秦檜勾結，力贊和議，故首先奉詔班師，接著劉錡亦退，韓岳之兵，亦不得不退了。秦檜請高宗稱臣講和時，滿朝忠義均反對，岳飛更一再上書請高宗趁機力圖恢復。世忠亦屢上書言和議之非，後來朝廷罷大將兵權，世忠任樞密使，再上書曰：

中原士民，迫不得已，淪於域外，其間豪傑，莫不延頸以俟弔伐，若自此與和，日月侵尋，人情銷弱，國勢委靡，誰復振乎？

此書一上遭秦檜之忌，唆使言官劾世忠罪。《宋史．世忠傳》載，世忠亦恐秦檜害己，上表辭職。「十月罷為醴泉觀使，從此杜門謝客，絕口不言兵，時跨小驢、攜酒，從一二小童縱遊西湖以自樂，平時將佐罕得見其面……」《宋史》載世忠性忠厚耿直，勇敢忠義，事關社稷，必流涕極言。岳飛冤獄，舉朝無敢出一言者，世忠獨至都堂質問秦檜。檜曰：「岳雲與張憲書雖未得實，其事莫須有

（或許有之意）。」世忠曰：「莫須有三字何服天下！」其忠耿如此。

韓世忠的風標與其作為尚不止此，繫年要錄載其駐守淮北時，「山陽（楚州今淮安）殘破之餘，世忠披荊棘，立軍府，與士卒同力役，其夫人梁氏親織薄為屋。將士有臨敵怯懦者，世忠遺以巾幗，設樂，大燕會，使為婦人妝而恥之。軍壘既成，世忠乃撫集流散，通商惠工，遂為重鎮。」

這一段記韓世忠不僅會用兵，能作戰，且亦能建設。其教育軍士的方法，亦深有意味。紹興十一年六月，岳飛與張俊同至楚州收編韓世忠軍，繫年要錄載：

飛視兵籍，始知世忠止有眾三萬，而在楚州十餘年，金人不敢犯，猶有餘力以侵山東，可謂奇特之士也！

「奇特之士」出自岳武穆之口，足見英雄惜英雄，可為韓蘄王千秋定評了。按《宋史》本傳載趙鼎為山西聞喜人，進士出身，通經史，能文章。世忠陝西延安人，早年鷙勇絕人，出身行伍。這兩位西北的文武人才，在東南立功，與李綱宗澤以東南人在中原立功，均可傳為佳話了。

宋高宗論

一、泛論

宋高宗趙構，由於向金人稱臣求和，棄中原於不顧，並與秦檜謀殺名將岳飛，遂為後世史論家所痛貶，口誅筆伐，無所不至。如《宋史．岳飛傳》讚謂：「高宗忍自棄其中原，故忍殺飛。」明張溥亦謂：「構既無良，檜尤凶醜，君臣魚水，專戮干城。」然平心而論，宋高宗是自哲宗以後的宋代諸帝中，比較具有機心與統治才能的人，且於緊急之際，亦有決斷。可惜他這些優點，未用在雪恥復國上，而用在退避與忍恥上了！如其初即位，雖起用李綱以圖振作，但不久又棄中原避敵揚州。金兵渡江，他又獨排眾議，用呂頤浩言入海避敵。這些舉措，雖可看出高宗為人怯懦，但比其父兄之全無主張，「議論未定而兵已渡河」的情形好多了。又其渡江之後，盡改宣和年間侈靡之俗，在秦檜之前，所用的宰相如呂頤浩、趙鼎、張浚皆為賢佐，且提拔青年將領岳飛為新軍，十年之間，由列校升至宣撫使、太尉。一時頗有文武競馳，復興可期之勢。從這些地方，可以看出高宗處事用人，尚有主張。

又高宗最為後世攻擊的另一事，是他於紹興十年，聽秦檜之計，於諸將擊敗兀朮背盟進犯之後，下詔班師，一日以十二金牌詔還岳飛。然如細參各史，當時岳飛之勝，並不如後世所傳那樣美滿。《宋史．岳飛傳》所載，多係根據岳珂為其祖所作的《行實編年》。如與宋代李心傳著的《建炎以來繫年要錄》相參證，則可知二書所載當時中原之戰的情形，出入頗大。即以《行實編年》及《宋史．岳飛傳》所載，當時岳家軍中原之勝，多係以少勝眾，以數十或數百騎破敵數千或數萬之眾，這情形就頗為可疑。岳家軍雖善戰，但金兀朮亦似有誘之深入，加以擊潰之意。而宋高宗亦慮及此，他曾說：「千里饋糧，士有飢色。」蓋宋軍的補給靠江淮水運，愈往北，宋軍作戰愈不利。高宗一日以十二金牌召回岳飛，似非全為求和心急，亦有怕岳軍深入，陷入敵人陷阱之意。至於秦檜，其目的在作和平宰相。如果兀朮被打敗，中原收復，屈辱之和，固難講成；即使岳飛軍失利，金兵再大舉渡江，他的和平宰相也作不成了。所以他與高宗二人雖同時主張班師，但高宗是由於怯懦，秦檜則是為了奸私。然二人急於向金人求和則相同。

繫年要錄載，紹興十年，金將韓常曾云：「今之北軍，怯懦如靖康時之南軍；今之南軍，勇猛如當時之北軍，惜南朝不知耳！」宋代有兵無將的缺點，此時剛補救過來，在戰爭中產生了如韓、岳、劉錡那樣的名將，這正是復國奮戰的好時機，高宗本人也並非不知。繫年要錄載高宗曾說：「如吾之兵力優於敵人，則與敵講和，敵人必懼。」秦檜更在朝堂上公開說「以誠待敵」。就在這種荒謬的觀點下，高宗才能於大敵當前，戰爭進行之際，罷沿江三大帥兵權，並誣殺岳飛，斥逐一切言恢復的忠義之士，以向敵人示好。此高宗趙構之所以成為民族罪人，秦檜更無論矣！宋朝君臣到變法以後，每好為曲深之論，而所做的事又多不合義理，不顧事實，不赴事功，這是宋朝文勝於質所形成的大弊病！

二、宋高宗的為人

讀南宋李心傳的《建炎以來繫年要錄》記載宋高宗與當時名相如李綱、趙鼎、張浚，名將岳飛、韓世忠等人的談話初時均頗有識見，亦很契合。但及至一作起事來，尤其是進行到對金人作戰、為國家雪恥的事來，就立刻顯得猶豫退縮，不能實行。因之高宗平時與這些人的談話，也就顯得多是敷衍之詞了。如高宗曾對張浚說：「是天以卿與朕以圖中興也！」又嘗與岳飛說：「有臣如此，朕復何憂！」「朕一以規復中原之事付卿，不為遙制。」這些話有的見於御札，可能是辭臣代擬，有的見於實錄，則記的是高宗親自說的。由此可見宋高宗趙構是一位具有機心，而缺少人君乾剛之氣的人物。按《易經》上的說法，乾為君道，應有剛健之氣；坤為臣道，應柔順，如易位則不吉。高宗以臣道處君位，故終能做出向金人屈膝稱臣的事來。

其次是宋世重文，到了徽宗時代，汴京的風氣，已與南朝李後主時代的金陵差不了多少，君臣上下均文勝於質，高宗亦不例外。且宋人又好講義理，士大夫們對事都有其義理的看法，不能針對事實制定對策。金人為初起之強寇，唯利是圖，與這樣的強寇講義理，何啻與虎謀皮？所以說「宋人議論未定，而兵已渡河！」汴京之淪陷，就是這樣被金人連拖帶騙才把徽欽二帝擄去的。金人把宋帝的宗室宮眷無論男女老少都擄掠北去，徽宗及高宗的生母在金作人質，也是使高宗屈辱講和的原因，至少已成為他辱國的藉口。宋人講義理只講到忠孝與天理人欲，直到明末黃宗羲、顧炎武才講民族大義謂：「夷夏之防，重於一切。」高宗向仇虜稱臣，受其冊封，已違背民族大義。宋人將一切賣國辱國的責任都推在秦檜身上，不無故為高宗掩過之意。然此事若無秦檜，則高宗孤掌難鳴，稱臣納貢投降式的講和是難以實現的。

「建炎繫年要錄」載：高宗建炎三年，秦檜逃歸，帝謂輔臣曰：「檜樸忠過人，朕得之喜而不寐。既聞二帝消息，又得一佳士也！」高宗為什麼獨對秦檜這樣由衷喜愛？蓋因當時全國文武均急於報仇雪恥，即有主和者，亦不敢堅持其主張，尤不願向金人作屈辱的請和。像秦檜這樣，不惜受天下後世的唾罵，甘為朝廷負責向金人屈膝求和的人，當時找不出第二人，故高宗得之甚喜。次年即與呂頤浩同相。惟當時金人方立劉豫於中原，國號大齊，正欲分化中國，分批而吞併之。秦檜奉金人之指示倡「南人歸南，北人歸北，豫人歸豫」的主張。「豫人歸豫」一語，觸犯了高宗的忌諱。蓋高宗的為人，向金人屈膝稱臣則可，向叛臣劉豫平等議和則非其所願。所謂「能與外人，不與家奴」。高宗也有此心理。秦檜為此，被呂頤浩等使御史劾奏，罷相貶居溫州，然離臨安不遠，仍有隨時起用之意，蓋高宗始終不忘和議也。直至紹興八年，金兵與劉豫兩次連兵南侵敗回之後，劉豫被廢（高宗還遣使向金人致謝，竟不以為恥！），乃再相秦檜，從此佈置和局，宋朝終於走上放棄中原向金人稱臣納貢，甘為附庸的地步了。

胡銓《戊午上高宗封事》有云：「後世將謂陛下何如主耶？」責之深矣！宋高宗的為人，實有不可捉摸之處，如他初即位用李綱之議聚兵買馬防守中原，後來又變計聽黃潛善、汪伯彥之計避敵揚州，這還情有可原，因當時中原殘破，防守不易。但過江後用呂頤浩、趙鼎、張浚等謀議，保守江淮，並命岳飛坐鎮荊襄，以圖中原。韓世忠、劉錡等人又屢敗金兵，江防已固。即使講和，實無向金人稱臣的必要。但高宗竟冒天下之大不韙而作此屈辱的講和，並不惜誣殺良將岳飛，貶名將劉錡、韓世忠以向金人示好。高宗真是一個陰柔善變的人物！高宗少時生長宮中，受宣和年間那種「豐亨豫大」的風氣影響！他本人也與其父徽宗一樣，富於藝術的才能，仍時時憧憬著舊時太平繁華的生活，對年年防秋、時時警惕的戰爭日子，早有厭倦與恐怖之感。且父母為金人擄去作人質，也是他放心不下的事情。他曾屢次宣稱不惜為父母「屈己事敵」，雖李綱曾舉項羽欲烹太公，漢高帝故示不介意為例，謂欲保二帝，只有向前，宋兵愈強，金人愈不敢加害二帝。張浚亦謂，天子之孝與庶人之孝不同，勸高宗應「撫劍而起，討伐寇仇，一怒而安天下之民……」其他臣民，於秦檜主向金人稱臣之際，交章力諫，均以即使講和，不應過於屈辱為言，但高宗均不聽。內中尤以胡銓一疏，言之最切，如云：「夫天下者，祖宗之天下也。陛下所居之位，祖宗之位也。奈何以祖宗之天下為金虜之天下？祖宗之位，為金虜藩臣之位？……」又謂：「陛下此膝一屈，則祖宗之靈，盡污於夷狄，天下赤子盡為左衽……」這裡所謂的祖宗，自是指宋代而言，但亦含有整個中華民族的列祖列宗在內。高宗雖云為父母不惜「屈己」，但他除為「人子」之外還有「人君」的身分，怎可為求和而不惜向金人屈膝稱臣？「和」在當時也可以說是一種政策，但這樣屈辱自卑的和，在當時的情況下實無此必要。高宗身為天子，實在太無骨氣了！

紹興八年，金人以張通古為「江南詔諭使」至臨安。要求宋高宗親至使館拜受詔命，這真是自古未有的奇恥大辱！朝廷群情洶洶，一致反對。高宗雖不惜屈己一拜，但在舉國反對之下，也不敢貿然行之。繫年要錄載：

戊寅，勾龍如淵，李誼入對，上曰：「士大夫但為身謀，向使在明州時，朕雖百拜，亦不復問矣！」上辭色俱厲。如淵曰：「今日情勢與在明州時不同！」誼曰：「此事莫須召三大將來與之商議，取具穩當乃可。」上不答，久之曰：「王倫本奉使，至此亦持兩端；秦檜素主此議，今日亦來求去。去則無害，他日金人但來求朕，豈來求檜！」

這段對話最可以看出高宗的本性，他已忘掉自己皇帝的身分，急於拜金使惟恐不及。王倫、秦檜此時尚畏物議而不敢堅持，獨高宗為不得拜金使而憤憤至此。真不知他何以一點自尊心都沒有？這次事總算因群臣反對，高宗以居喪為理由（時徽宗死訊初至）未親至館舍拜金使。由秦檜代表拜受金詔，送入大內，為中國留點面子。然朝臣士氣尚在，又以三大將在外以脇朝廷，這使高宗與秦檜警覺到，要向金人投降，非貶斥忠良，收三大將兵權不可了。

二、當時的情勢與晚年的高宗

然後世亦有同情這次屈辱講和者，如清趙翼《二十二史箚記・論和議》一文即云：「即專任韓岳等人，能必成恢復之功乎？未必能也。故知身在局外者易為空言，身在局內者難措實事。」其實當時金兵的情形已漸由攻勢變為守勢。紹興十年金兀朮之敗盟進攻河南，已是以攻為守，他怕宋朝在朝臣士氣尚在，韓岳等將帥兵力強盛之際，如果佔有河南，一旦宋朝基礎穩固，將韓岳等精兵移到黃河線上，那金人就將大受威脅了。所以兀朮以後與秦檜的信中一再追問，「傳聞反有遽起大兵，直渡濁流之說，不知何故？」這裡所謂的「濁流」，即指「黃河」，所謂遽起大兵的人，自是指的岳飛。當時宋人以長江為屏障，金人則以黃河為屏障，長江黃河之間，成為兩國的戰區。兀朮此信，已含有畏懼之意。當時高宗的戰略是斂兵於江南，敵來則將之擊退，不深入決戰，保存實力以求和。金人則以攻為守，故作聲勢，但亦不渡江進攻以逼和。在表面上看兩方勢均力敵，但在士氣、人心與財富上則此時宋強而金弱。高宗此時若不向金屈和，保持一個稍長時間的相持局面，則金國敗相即將暴露。這也就是武臣岳飛、韓世忠，文臣李綱、張浚一再上書請保全士氣的道理。時岳飛在朱仙鎮上書謂「金人已人心動搖，內外震駭……強弱已見，功及垂成」而外，韓世忠亦諫阻和議，謂：「中原士民，迫不得已，淪於域外，其間豪傑，莫不延頸以俟弔伐，若自此與和，日月侵尋，人情銷弱，國勢委靡，誰復振乎？」這時宋兵中路岳飛的軍隊已進至朱仙鎮，張俊亦攻下宿州，韓世忠捷於泇口，其偏師解元克海州，攻沂州。情勢於金不利，金兀朮遂集重兵於汴京準備在河南作最後一戰。這時宋軍一戰而勝，直搗黃龍，誠未易言。然當時情勢確於金人不利，若善圖之，恢復之功，未必不成。所以金人想和的心比宋高宗還迫切，這是金兵屢次進擾淮南，又不斷與秦檜通信講和，並暗示要宋高宗表示誠意，削弱諸將兵權，以減輕金人的威脅的原因。金兀朮謀國，本應如此。秦檜通敵，亦無足怪。獨怪宋高宗處此有為之時，何忍自壞其士氣，自毀其萬里長城？又繫年要錄載：「紹興十年，秦檜言外間有匿名書非毀朝廷，當繳進。」上曰：「已見之，無足恤。」至此，宋高宗已全不知恥了！

更有人謂高宗之所以急於講和，是因當時兵驕將悍。如《文獻通考》引當時文臣汪藻之言，繫年要錄引季陵之奏，均極言諸將跋扈。要知文臣攻擊武臣，是宋代初年自趙普以來傳統的風氣，且文臣，主要是想使武臣有所警惕，以資糾正，故不免言之過甚。且國家用人之際，即使諸將跋扈，朝廷亦須設法駕馭之以為國用，不能外借仇敵之勢以對付諸將。宋太祖時用王全斌伐蜀，又何嘗不跋扈？但不聞太祖因此而廢統一之業。又有人謂高宗之急與金和，是因財力不足，但這一點金人尤甚於宋，繫年要錄載當時金之河北燕山一帶，因賦役繁重，人民多鋌而走險，逃入山中，結砦自保，以待王師。且自唐末以來，江淮、湖廣、兩川已成為中國財賦之區，如以財力相較，宋優於金者甚多。古人云：「知己知彼，百戰百勝。」宋高宗當年只畏金人初時之強，而未諳金人後來之弱。後來雖由於逃歸的義民張匯等的報告，知道金人的虛實，但苟安心理，仍使高宗不願改變政策，又有秦檜居中鼓動，「屈和」之謀，遂一成不變了。總之，高宗早有忍恥事仇，苟安之心，這心事在秦檜未回來以前，不僅不易做到，且亦不易出口。但「為二聖在金，及免人民塗炭，朕不惜屈辱……」這話是高宗常說的。一葉落知天下秋，高宗的本心，早已見於此了。

亦有人謂，高宗之急於求和，是因金人廢劉豫後，有將欽宗送回汴京復辟的企圖。繫年要錄引兀朮至汴京謂其民曰：「將送汝少帝來！」這倒是金人的一著高棋，能使宋朝不戰自亂，宋高宗之畏金，可能與此有關。可惜金人不敢這樣做。如金人真立欽宗於汴京，於金人也是很冒險的事。且高宗無子，曾謂輔臣范宗引曰：「太祖以神武定天下，子孫不得享之，遭時多艱，零落可憫。朕若不法仁宗為天下計，何以慰在天之靈？」乃選太祖子秦王德芳五世孫伯琮為後，是為孝宗，養於宮中者三十年。至紹興三十二年，金主亮南侵之後，高宗忽然倦勤，堅決讓位於孝宗（史稱內禪），即刻退居德壽宮，謂群臣曰：「付託得人，吾無憾矣！」從這些地方看，高宗很有公心仁風，並不想久戀帝位。那麼當年聞金人將送欽宗回汴而屈膝求和，似未必是主因。且高宗內禪時只五十五歲，並不太老，何忽讓位？是因和局破裂，無顏見江東父老呢？還是怕還朝的忠義之士向他追論當年忍恥誤國，殺忠良等舊事呢？我想兩種原因都有。君主世襲時代，臣下忠於一姓一人，故宋人的著作，均將屈和的責任推到秦檜身上，其實罪魁應該是宋高宗自己。

史家稱高宗為人恭儉，為繼體守文之君則有餘，撥亂反正之主則不足。惜其陰柔不武，清濁並用，故僅能建偏安之局。陳邦瞻評曰：「當其初立，因四方勤王之師，內相李綱，外任宗澤，天下事宜無不可為者。顧乃播遷窮僻，坐失事機，始惑於汪黃，終制於秦檜，偷安忍恥，匿怨忘親，以貽後世之譏。悲夫！」這一段可作定論了。雖然宋人有一部《中興聖政錄》，推許高宗為中興之主，但由於他向仇敵屈膝稱臣，受金人冊封，大節已虧，這「中興」二字，也就當之有愧了。

秦檜的奸術與其對士氣的再破壞

一、秦檜的通敵

按和議之說，金人本來並無誠意，不過想借此取得休息時間，以期分批吞併中國而已。南宋初年，李綱、宗澤等人，早已識破金人之所以能於十餘年間，滅遼破宋，並非全仗兵強，其善於運用政略，以和議瓦解敵人士氣也是主要原因。尤其滅遼之後，從遼之降臣郭藥師等人口中，盡知宋朝虛實及徽宗君臣的性格。故能操縱自如，破汴京，擄二帝。及至宋高宗退到江南，韓世忠、岳飛等江上邀擊之戰，幾乎使兀朮不得北歸。而張浚在陝西，更集五路之師，正面向金人進攻。賢相趙鼎、呂頤浩等的守江部署及鼓勵高宗進駐金陵以抵抗金兵，使金人警覺到宋朝的士氣越來越高，必須派個可靠的人回去為內應方可，於是他們選中了秦檜。按《建炎以來繫年要錄》引金人所著的《林泉野記》云：「檜在大金為徽宗作書與尼瑪哈以結和議，尼瑪哈喜，賜錢萬貫，絹萬匹。建炎四年，大金攻楚州，乃使乘船全家厚載而返。」金人如此厚賜秦檜，則對其信任可知。

送秦檜回去，仍是金人政略的運用。因秦檜的資歷很好，他是進士出身，徽宗朝的御史中丞，又是當年反對金人立張邦昌為帝、而主張立趙氏的人，在宋朝有很好的聲望，易於取得朝廷的信任。《建炎以來繫年要錄》載：金人初因秦檜反對立張邦昌，遂與朝臣孫傅、司馬樸多人一同被執北去。檜之《北征紀》云：「金主高其不附異姓之節，以賜其弟達賚為『任用』。達賚亦高其節，甚相親信……」達賚南征時，並以檜為參謀官及轉運使。是秦檜已降金人，否則金人絕不會因他忠於趙氏，而如此信任重用他的。所謂「高其不附異姓之節」，恐係秦檜自炫之辭。繫年要錄載建炎四年十月，秦檜自金歸，自云是殺監守逃回。然這次回來，不僅與其妻王氏俱歸，並與小奴硯童、小婢興兒、屬員翁順一同逃回，且行李豐盛，大部分財物亦均帶回。殺監守逃回何能如此從容？這一點就可疑。倒是《林泉野記》上說金人放回的可靠。按當時與檜同時被執北去的人或囚或死，獨秦檜得意，這亦恐非只因金人「高其節」，而是他已向金人輸誠之故。後來金人派「江南詔諭使」來，要高宗下拜稱臣，舉國以為可恥，獨秦檜不以為可恥，就是因為他已先降了金人，心裡已不以為異。故當時朱勝非的《秀水閒居錄》即謂：「秦檜隨敵北去，為大帥達賚信任，至是全家來歸，婢僕無故，人知其非逃歸也。」又《林泉野記》載（建炎四年）：

大金攻楚州，乃使秦檜全家乘船厚載而還，俾得為和議內助。檜至漣水軍，賊丁禩寨，諸將多曰：「兩軍相拒，豈全家厚載造朝者，必金使來陰壞朝廷，宜速誅之以絶後患。」賊軍參議王安道，機宜馮由義力保護之曰：「此淵聖朝中丞也……」乃命安道，由義送鎮江府。檜見劉光世，首言和議為便。光世送之朝，士民聞檜來皆驚疑，惟范宗尹，李回言其忠……

秦檜這次逃回，可能有很多關節，以秦檜的奸術，又厚載財物，像王安道、馮由義等人一定是受了他的好處，所以才保護他的。按《林泉野記》一書，為陷於金方的遺民所作，書中雖稱金曰「大金」，稱宋軍曰「賊軍」，但對秦檜似亦有不滿之意，故特記其放回的經過以存信史。後來紹興初年，宋金交戰之際，和使往來，金人每遇宋使，輒問秦檜的消息，且讚美其為人，此即示意宋朝講和須用秦檜方可。繫年要錄載：紹興四年，金人南侵，宋遣王繪、魏良臣使金，遇金將聶兒孛堇於大儀鎮，問講和事，又問：

「秦中丞何在？」繪答以今帶職奉祠居溫州。又言：「嘗聞作相今罷去，得非恐為軍前所取故耶？」繪曰：「頃實居相位，逾年堅欲求去，無他故。」

這是金人第一次打聽秦檜的消息。後來王繪等北去見金帥完顏昌，金吏又問：「秦中丞安否？此人原在北軍中，煞是好人！」由此可見秦檜與金人關係之深。以後王繪等還，金將完顏昌再三問難曰：「我國中只以仁義行師，若一面講和，一面令人來掩襲，如此恐江南終為將臣所誤……本朝事體，秦檜皆知，若未信且當問之。」這段話不僅又示意高宗講和要用秦檜，且有離間諸將的意思，可見金人對高宗的性格已有相當的了解。

金人稱秦檜為「好人」，稱將臣「誤事」，以後的發展，果與此同，可見金人政略運用的成功。以後高宗用秦檜講和，殺「將臣」岳飛，貶韓世忠、劉錡，可以說全是金人導演的。利用講和以銷沉中國的士氣與人心，然後再加以吞併，本是金人的原定計畫。幸而後來金國內部不斷發生變亂，國勢亦日趨衰弱。否則南宋小朝廷，亦難久安江左的。

二、秦檜的奸術

自來大奸，均有其術，早年都能與人以很好的印象，所謂「大奸似忠」者是也。如秦檜不僅取得金人的信任，高宗亦稱其「樸忠過人」。宋廷朝臣推崇他的人亦很多，如范宗尹、李回即力荐其忠，游酢論檜人才可比漢之荀文若（這比喻殊覺不倫不類），胡安國與高宗言秦檜賢於張浚，故一逃回即被重用。上述這些人必有弱點被秦檜所利用，或得到秦檜好處，故一齊讚美他。這是秦檜奸術運用第一次成功。

按宋代自變法後，朝廷上的文人即形成一種互相嫉忌傾軋之風，尤其嫉忌將帥，只顧私人的前程，不恤國事。如靖康年間，汴京被圍之時，宰相李邦彥尚嫉忌李綱、种師道之成功，反對他們的戰守之策。黃潛善、汪伯彥在高宗初立，風雨飄搖之際，尚排擠李綱而奪其相位。秦檜亦是乘機取利的人，他的憑借是「主和」，想借此取得宋金雙方的信任，以求權勢與富貴。故其於金人釋回之後，即倡「南自南，北自北」之說以試探朝廷意旨。次年范宗尹罷相，繫年要錄載：檜為謀得相位，曾故言「吾有二策可竦動天下，唯現無宰相，未便言。」於是高宗即命其與呂頤浩同時入相，這是秦檜用術的第二次成功。但不久秦檜又有排呂頤浩之意，朱勝非的《秀水閒居錄》載：「時襄陽鎮撫使桑仲上疏願收復京師，乞朝廷舉兵相援，呂頤浩信之，請出師。秦檜使人上言，周宣王內修外攘，故能中興，二相宜分任內外，於是浩出督師，檜得在內專政。」其時金人方立劉豫於中原，仍不信任趙氏，而秦檜亦因「豫人歸豫」一說不合高宗意旨，被罷相貶居溫州。呂頤浩與起居郎王居正此時亦向高宗進言，謂：「秦檜為人詭譎，言行不符，不可信任。」御史黃龜年更參檜「徇私欺君，合正典型。」並布其罪狀於朝堂。高宗且怒曰：「檜倡南人歸南，北人歸北之說，我亦北人，將安歸乎？」似乎已大澈悟，其實不然，癥結全在「豫人歸豫」一說。秦檜這次大意遭了一次打擊，但他也隨即明白了高宗的心事，故以後的建言只談與金和，不再談劉豫的事了。而高宗之貶檜只貶到溫州，亦有隨時起用之意。秦檜被貶後數年（宋紹興二年至八年）是南宋最有為的時期。這時朝廷以趙鼎為相，起用張浚督師，擊敗兩次金豫的連合進攻。秦檜時居溫州，當金兵南侵之際，亦屢上章言防守之道，以為姿態。但其主張，仍在和議。如高宗與呂頤浩論用兵之道，檜即插言曰：「不戰何能息兵？」繫年要錄載後來高宗於擊退金人與劉豫的入侵後，詔群臣言攻守方略，呂頤浩與李綱等均有切合時勢的陳述，均主進攻北方，勿向敵人示弱。惟秦檜一疏語氣含糊，別具用心。如其云：「為國者自有正理，不必以虛張為強，亦不必以力弱為怯。」真不知這算是什麼「正理」！下面自表其為相時建議與敵人通使講和之功，又云：「今不討賊豫，則無以為國；不安慰強敵，則逆賊未易討。」這更不成語！將兩次敗退的金人仍稱為「強敵」，已有故為金人虛張聲勢之嫌，而更主張與強敵以「安慰」，真不知如何安慰法？後來秦檜勸高宗稱臣，解大將兵權，殺名將岳飛，貶滿朝忠義之士都是為了與強敵以安慰嘛！言為心聲，秦檜之奸，已於此疏中灼然可見。惜高宗與之同調，不以為忤耳！秦檜此時又傾心結交宰相張浚，以為再用之地。繫年要錄載：

張浚嘗與趙鼎論人才，浚極稱檜善。鼎曰：「此人得志，吾輩無所措手足矣！」及鼎再相，檜在樞密，一惟鼎言是從，鼎由是深信之，言檜可大任於帝。

秦檜就在高宗不忘和議、金人屢問秦檜消息及張浚趙鼎等人力荐之下，乃於紹興六年，起復為樞密使，八年再拜為相，這是他用術的第四次成功。時張浚已識破其為人，曾向高宗進言「臣近與共事，始知其黯。」請高宗不可用他為相，但為時已晚了。檜既再相，立主和議，與左相趙鼎不合。（按宋制左相高於右相）檜乃荐蕭振為御史，劾反對和議之劉大中，並謂趙鼎與諸大將結納，趙鼎遂失去高宗的信任，憤而辭職。從此秦檜獨相，一力謀和。且秦檜此時逐漸改變其謙恭下士的態度，露出奸狠的本相來。他也知道當時良將強兵在外，忠義滿朝，讓高宗向仇虜屈膝稱臣，不是太容易的事。他的第一步工夫，是堅定高宗求和的心意，繫年要錄載：

紹興八年，宰執入見，檜獨留身奏事，言：「臣僚畏首畏尾，多持兩端，此不足與託大事。若陛下決欲講和，乞專與臣議，勿許群臣預！」帝曰：「朕獨委卿。」檜曰：「臣恐未便，望陛下更思三日。」檜復留身奏事，帝言欲和甚堅，檜猶以為未可，復進前說。又三日，知帝不移，乃出文字，乞決和議。

這是學王安石勸神宗「專聽獨斷」的方法。「繫年要錄」上即有記載謂「昔趙鼎與秦檜同相，鼎法司馬光，檜法王安石。」其主和之不顧國家、不畏人言的精神，確有點像王安石當年的態度。秦檜既確知高宗求和的決心，他的第二步工作，是設法排擊群臣之反對和議者。《宋史紀事本末》載：

勾龍如淵為檜謀曰：「相公為天下大計，而邪説横起。何不擇人為臺諫，使盡擊去，則事可定矣。」檜大喜。即擢如淵為中丞，劾異己者，卒成檜志。

但朝臣的忠奸論戰，終因金使張通古以「江南詔諭使」為名至臨安，且要宋高宗親至館驛拜詔而暴發。這不是普通的講和，是除歲幣外，而還要宋朝舉國稱藩稱臣，凡稍有血氣的中國人，誰能忍此？於是直學院的曾開首先拒絕起草屈辱的國書，且質問秦檜曰：「奈何屈辱至此？」復引古義爭之。檜大怒曰：「侍郎知故事，檜獨不知邪？」接著吏部員外郎許忻、知洪州李綱、樞密院編修胡銓等中外臣工數十人上疏言胡使不可拜，金人不可信，仍以胡銓一疏最為痛切，如云：「今無故而反臣之，欲屈萬乘之尊，下穹廬之拜，三軍之士，不戰而氣已索，此魯仲連義不帝秦，非惜帝秦之虛名，惜天下大勢所不可也……」「無故而反臣之」，是這次講和的最不公平處。連年金兵南侵，宋兵各路皆捷，即使講和，最多與以歲幣，實無稱臣的必要。胡銓又云：

不斬王倫，國之存亡，未可知也。雖然，倫不足道也，秦檜以腹心大臣，而亦為之……欲導陛下為石晉（指五代兒皇帝石敬瑭），孔子曰：「微管仲，吾其被髮左袵矣！」秦檜大國之相也，反驅衣冠之俗，歸左袵之鄉，則檜也不惟陛下之罪人，實亦管仲之罪人矣。孫近附會秦檜，遂得參知政事，天下望治，有如飢渴，而近伴食中樞，漫不可否。檜曰虜可和，近亦曰可和；檜曰天子當拜，近亦曰當拜……臣竊謂秦檜孫近，亦可斬也！

這一段是說明華夷之防，不僅關係宋朝一代，而是整個中華民族的恥辱。故說秦檜也是孔子和管仲的罪人。最後胡銓沉痛地表示自己的態度，他說：

> 臣備員樞屬，義不與秦檜共戴一天！區區之心，願斷三人頭（指秦檜、孫近、王倫），竿之藁街，然後羈留虜使責以無禮，徐興問罪之師，則三軍之師，不戰而氣自倍。不然，臣有赴東海死耳，寧處小朝廷求活耶？……

這疏已不是人臣上疏的常式，而是代表全體軍民，向宋高宗及秦檜所提的嚴重抗議。胡銓真是好漢，他是拚著性命上的這「封事」，所以在末尾寫著「甘俟斧鉞」。但當時秦檜正玩弄手腕，自己不願獨負屈辱求和之責，建議高宗下詔讓「臺諫從臣簽議可否」。內中自然安排下主和的人物，胡銓就是利用這時機上疏，故高宗與秦檜暫時不能加以深罪，只把他貶到南方。史載胡疏當時天下傳誦，金人知中國有人，逼和之心益切。後來孝宗即位，把胡銓召回，他又上疏痛斥當年主和的人。內有「肉食鄙夫，眾口一辭」之語，這怕連高宗也包括在內了。

胡疏雖言之痛切，但高宗之血似已冰冷，無法重振。和議繼續進行，高宗終允稱臣納幣。金方在達賚的主持下，允歸還河南及陝西之地。金人之所以如此，是因當時內部變亂，諸將爭權，賦役繁重，人民叛離，不如此暫與宋和，無時間進行內爭。果然次年（宋紹興十年）達賚被殺，金國的兵權又被兀朮統一。他遂背盟四路大舉南侵。這一轉變，使主和的秦檜處境極為困難。按往例，一位宰相的政策失敗，即應退位。但秦檜卻施展出最大的奸術來堅寵固位，一方面向朝廷表示要出發督師征伐，一方面使御使王次翁諫高宗「勿因小變，更用他相。」金人背盟，傾國進犯，這關係國家的存亡，何能謂之「小變」？高宗此時已為求和而迷失心志，被秦檜等玩弄於股掌之上了。下面我們看看秦檜自請督師的文字，繫年要錄載：

六月甲辰（紹興十年）宰臣秦檜上言，臣聞德無常師，主善為師。善無常主，協于克一。此伊尹相湯，咸有一德之言也。臣昨見達賚有割地講和之議，故贊陛下取河南故疆；既而兀朮戕殺其叔父達賚，和議已變，故贊陛下定弔民伐罪之計……臣願先至江上，諭諸帥同力招討……

這一段話極盡咬文嚼字，文過飾非之能事。且動引古經含糊之文，這是自來大奸的貫技。但有一事則欲蓋彌彰，那就是他確乎是在替金人做事，把主動權給與金人，金人要和，他就請高宗稱臣講和，金人要打，他亦假裝要打，及至各路宋軍勝利，他又鼓動高宗下詔班師。這正如明代史論家張溥所說：「諸將勝利，社稷之福，賊檜之憂也！」這時秦檜已不再主張收河南地，而主張以淮水中流為界（可能是受了金人的新指示），秦檜之奸術與權力慾之大，真不惜以國家的存亡為代價！

三、士氣之再破壞

金兀朮背盟南侵時，前相張浚上書云：「今幸上天警悟，敵懷反覆，士氣尚可作，人心尚可回，願因權致變，轉禍為福，用天下之英才，據天下之要勢，奪敵之心，振我之氣，措置一定，大勳可集。」他並練舟師千艘，為直搗山東半島之計。這是宋朝人才最多、時機最好的時候，興衰之機，決於一念之間。秦檜必須極力破壞宋朝的士氣，貶盡有為的人才，方能達到使高宗屈膝稱藩的地步。所謂「攻心為上」、「不戰而屈人之兵」的運用就在於此。宋的忠臣良將如韓、岳、張浚等，重視士氣人心，秦檜則處處要破壞士氣人心。他的辦法，約有四項，一是貶斥元勳大臣及言恢復者。如前相張浚、趙鼎，及一切反對和議之朝臣，皆斥逐於外。二是罷沿江三大帥兵權。宋代之弱，在於有兵無將，現在經過國家傾覆，長期征戰才歷練出來的韓世忠、岳飛、劉錡這樣的名將，忽於戰爭進行之際，盡罷其兵柄，這使前方的士氣必受極大的打擊，真是自毀萬里長城。第三是誣殺岳飛。今日參閱有關史書，秦檜在取得高宗默契與張俊的合作之後，先罷諸將兵權，然後再利用諸將間的不和來互相迫害，初時是派岳飛與張俊去接收韓世忠的兵，又將世忠軍吏景著捕下大理獄，有先殺韓世忠之意。

世忠幸賴岳飛相救得免。以後高宗秦檜與張俊就佈好圈套，要殺岳飛以向金人示好並向反對向金人稱臣者示威了。

俗語說：「秦檜還有三個好朋友，」秦檜的好朋友，一個就是群盜出身張俊，秦檜主和，他首先納款，與檜同謀害岳飛。第二個人就是万俟卨（讀「木其須」），此人為鮮卑族的後代，入宋為官者。此時為監察御史，受檜唆使劾岳飛出兵援淮西時逗留不進。（繫年要錄載，時岳飛因戰勝輒令班師，故未急赴淮西。《行實編年》則謂飛已如期出師，而兀朮故弄手段，飛兵進彼即退兵，飛止彼又進攻。觀此金人似有與秦檜勾通，故意用計陷害岳飛之意。）不久御史中丞何鑄，侍御史羅汝楫亦交疏劾岳飛「不忠」，並說他到楚州（今淮安）巡視時謂楚州不可守，有懼敵之意，這真是「賊人喊捉賊」。朝廷這次動員了三個御史，佈置是很周密的。《行實編年》載：「秦檜與張俊必欲殺武穆，密誘武穆之部曲，以能告武穆者，寵以優賞……使其徒自相攻發，而及其父子……」後來果然得到一個黠卒王俊（此人是儈子手出身，算是秦檜的第三好朋友），告張憲與岳雲通消息，將舉兵請朝廷還岳飛兵柄。岳飛就在欲辭官不准，欲走不能的情形下被張憲的案子牽連入獄，而朝廷派的審判官又正是劾奏他的御史万俟卨及何鑄。這不明明是想置之死地嗎？但此獄經過兩個月的審問，仍未得到張憲等舉兵的證據。岳珂（飛孫）的《行實編年》謂飛死是由「秦檜手書小紙付獄，武穆即薨獄中。」是謂岳飛為秦檜暗害，蓋不敢言及朝廷也。但李心傳的《建炎以來繫年要錄》即明書高宗「詔飛賜死」並說「天下冤之！」下面又記飛之生平，謂「飛卒年三十九……知書，善待士，且濟人之貧，用兵秋毫不犯，民皆安堵，不知有軍，至今號為良將。」陸游的《老學菴筆記》亦謂：「秦檜之殺岳飛於臨安獄中，都人皆流涕，是非之公如此！」這是宋人的公論。飛死，他的舊部亦均獲罪，最可笑是曾為岳飛謀議官的李若虛，他的罪名是「欺罔」，因為當岳飛在中原大勝時，他自前方還朝向朝廷報告：「敵人不日授首矣，而所憂者，他將不相為援！」這是向朝廷報捷，但卻觸著忌諱，而被免官治罪。由此可見高宗秦檜已是暗結金人以對付愛國諸將了！是非顛倒，忠奸易位，使人心士氣消沉，莫甚於此者。果然岳飛於紹興十一年十二月被害，次年四月高宗即受金主冊封為「大宋皇帝」，並上書與金稱「臣構」，此舉不僅有辱中國，實亦有辱趙家一姓。宋朝已建立百餘年，是正統相承而來，為什麼要自己的仇敵去冊封呢？高宗連石敬瑭都不如！這樣的「奴皇帝」有何面目再見岳飛？所以非把他「賜死」不可。岳武穆雖死猶榮！然南宋從此國防盡撤，宋高宗以後要仰仗秦檜的鼻息來生存了。於是秦檜進位太師，前後封秦楚兩國公，檜大權獨掌者十九年，他的兒子秦熺亦成為朝廷要人。後來連考試都加以干涉。兩浙鄉試，秦檜送他孫子秦塤去應試，指定要取在第一名，主試官陳甫卿，把陸游取在第一，秦塤取第二，結果陳甫卿、陸游均得罪，其無恥如此。《繫年要錄》引呂中的《大事記》

云：「秦檜始則唱和議以誤國，中則挾敵勢以要君，終則飾虛文以為中興，使一世酣豢於利欲之中，奉敵稱臣而不以為恥，忘仇事敵而不以為怪，其弊可勝言哉！……」呂中所指的「弊」，就是指破壞人心士氣而言。以後秦檜就導高宗起明堂，建宮殿，相府，興太學，耕籍田，以粉飾太平。朝臣亦無再進言者。即身為御史，不得不言，也只好尋些如「銷金，銷翠，禁食鹿胎虎子」之類無關緊要的小事來塞責。建炎紹興以來由國難所激起的士氣，至此時摧殘殆盡，此後南宋永無再振的氣力了。宋孝宗時朱文公（熹）請毀秦檜祠堂移文云：

竊見故相秦檜，歸自金庭，久專國柄，內忍事仇之恥，外張振主之威，以恣睢戮善良，銷沮人心忠義剛直之氣；以喜怒為進退，崇獎天下諂諛偷惰之風。究其設心，何止誤國！……

明代史論家張溥亦云：

而趙構不悟，倚檜為腹心，今日罷劉錡，明日罷韓岳，快敵人之憤，隕先帝之業，桀紂亡身，未有愚於此者也……

然岳飛之冤與秦檜之罪，直至宋寧宗時韓侂胄當國始為昭雪，《宋史》載：嘉泰四年，追封岳飛為鄂王，謚「武穆」，借以鼓勵北伐士氣。可見岳飛在當時已成抗敵恢復的象徵人物了。又開禧二年，追論秦檜主和誤國之罪，削奪王爵，改謚「謬醜」。韓侂胄在宋史上雖亦被列入奸臣傳，但他究與秦檜賣國與賈似道誤國不同。他的專政，是宰相趙汝愚逼出來的。宋代重文，朝臣多由進士出身，對於以外戚關係進身的人多存歧視之心。侂冑後來又得罪道學，故更為清議所不容。然他能有志氣北伐，畢竟不愧為名相韓琦之後，雖然失敗，其志可嘉。故當時的愛國詩人陸游（放翁）與愛國詞人辛棄疾均與之交往，蓋欲憑之言恢復也。至其褒岳、斥秦之舉，更是大快人心了！

宋代名將補述

宋代為一重文的朝代，後世人皆以為宋世武功不振，缺乏將才。其實宋代當北方蠻族強盛之際，立國前後三百餘年，雖因文教收功，士多忠義，然所以屢仆屢起，延國脈於驚濤駭浪中者，仍諸將之力也。惜仁宗之後，庸君當朝；秦檜以降，奸相誤國。遂使中夏英雄，不能得志於疆場。計宋代將才可分國初、南渡，及末年三個時期。除岳飛、韓世忠等名將已有專文論述外，現即按上述三時期，舉其有奇才大節者，作一補述。然所舉尚不及宋史中之百一，可見宋世將才之盛。

一、初期諸將

㈠曹彬

按宋初名將，首推曹彬，有大將風。宋太祖是一位仁君，曹彬亦是一位仁將。故特蒙信任，屢專征伐。且宋太祖本人，即是一位大戰略家，他的北守南攻的政策是正確的。雖梁任公在其所著《王安石評傳》中對此策有所批評，然如太祖當年不先平定南方而與遼陷入長期戰爭中，則中國仍將是五代的延續。而南方的平定，大半係曹彬之力。曹彬為人謙虛謹慎，有功而不矜驕，很像西漢的衛青。他於乾德元年，即曾破契丹兵六萬於平晉城下。二年後受命與王全斌伐蜀，全斌由北路劍門進兵，彬與劉光毅由東路三峽進兵。《宋史》載：「峽中郡縣皆下，諸將咸欲屠城以逞其欲，彬獨申朝命禁止，所至悅服。」王全斌破成都後，晝夜飲宴，縱部下掠奪無已。曹彬屢請旋師，全斌等不從，終於激起蜀將全師雄之叛變，擁眾十萬向成都，曹彬復與劉光毅破之，卒平蜀亂。《宋史·曹彬傳》載：「時諸將多取子女玉帛，彬橐中唯圖書衣衾而已。」這次伐蜀，如無曹彬為都監，蜀中可能大亂。故回師後宋太祖將王全斌等治罪，獨獎曹彬的清介廉謹。

曹彬最大的功勞，還在平江南之役。這次出師由於王全斌伐蜀軍紀不好，宋太祖特囑「不許妄殺一人。」彬由采石渡江，連敗南唐兵於白露州、秦淮河，遂圍金陵。《宋史》本傳載：

> 城將破，彬忽稱病不治事，諸將皆來問疾，彬曰：「余之疾，非藥石所能愈，惟須諸公誠心自誓，克城之日，不妄殺一人，則自愈矣。」諸將許諾，共焚香為誓，又次日城破。

戰爭中不妄殺一人，這本是極難做到的事，何況古時作戰，兵將皆利屠城以便擄掠。曹彬能完成這一使命，是頗費心機的。又宋人筆記載：金陵圍城時，久不下，諸將乃奏曰：「不殺無以立威。」

太祖覽之大怒，批還其奏曰：「朕寧不得江南，不可妄殺！」詔至城已破，計城破日乃批時，天人相感如此。

是否真有此一事，雖不可確知，然此傳說可為後世專征伐者戒，由此亦可知宋太祖與曹彬之仁，否則不會有此傳說的。又王闢《澠水燕談錄》云：「曹冀王彬，前後帥師征伐諸國，凡降四國主，江南，西川，廣南，湖南是也。未嘗殺一無辜。功名顯著，為諸將之首，子孫昌熾，世世無比。」歐陽修《歸田錄》亦載：「曹武惠王彬國朝名將，勳業之盛，無與為比，嘗曰：『自吾為將，未嘗以私喜怒輒殺一人。』既平江南，回詣閤門，入見牓子（說帖）稱奉旨江南勾當公事回，其謙恭不伐如此。」有漢衛青、馬援、唐郭子儀之風，是開國氣象。

然曹彬最後一次奉太宗之命出師伐遼，卻敗於歧溝關。敗的原因是諸將因潘美楊業雁門一路東進，接接勝利，促彬進兵速戰。彬不得已，乃裹糧與米信等趨涿州，遇契丹名將耶律休哥，多方困擾宋軍，遼主隆緒與其母蕭太后又自口外將大軍來援。宋軍遂不支敗績。這次失敗與朝命及諸將有關，非彬一人之過。然曹彬用兵的態度謹慎，對付善於野戰的遼兵，恐怕也不能得心應手了。

㈡楊家將及其他

世上艷稱的楊家將，見於《宋史》者只楊繼業與其子楊延昭、延玉三人。繼業本為北漢的節度使，北漢主降宋，繼業亦降，太宗甚加器重，改名楊業，拜代州刺史。《宋史》載：太宗太平興國五年三月，契丹兵十萬寇雁門。代州刺史楊業領麾下數百騎自西陘出，至雁門北口，南向擊之，契丹兵大敗，殺其駙馬侍中「蕭咄李」，自是契丹畏業，每望見旌旗即引去。時人號曰「楊無敵」。自太平興國四年宋太宗伐遼敗回後，遼宋間的長期大戰展開，雙方大戰四次，小規模的戰役無數。在戰爭中宋朝雖仍以曹彬、潘美為大帥，但當時在前方苦戰的邊將如楊業敗敵於雁門，劉廷翰、崔彥進敗契丹名將耶律休哥於鎮州；端拱元年，尹繼倫大破契丹兵於徐河；至道元年，折御卿又大敗遼將韓德威於子河叉。這都是極關重要的戰役，使宋兵在前方的主力敗退之後，諸將仍能守住邊疆，擋住敵人的南下。折御卿後來病重，其母密召之歸。御卿曰：「世受國恩，邊寇未滅，今臨敵，安可棄士卒自便，死於軍中，乃其份也。為白太夫人，無念我……」此人頗有東漢馬援的「戰死沙場，裹屍還葬」之風。而楊業的作戰方法與其遭遇，則很像西漢的李廣。按宋太宗的用將，已不如太祖坦誠，每次出師，必設護軍副帥以互相牽制。宋師二次出兵伐遼的失敗，與此制度不無關係。如《宋史紀事本末》載，太平興國七年，曹彬北伐糧盡，退回雄州，持重不進，彬部下諸將聞西路潘美、田重進連捷，恥握重兵不能有所進取，謀議蜂起。彬不得已，乃裹糧與米信復趨涿州。時方炎夏，行軍乏水，遼將休哥又以輕兵擾之，蕭太后又自塞外將大軍來援，彬師乃大潰於歧溝關，這是將帥不和，事權不專，舉止不定的害處。楊業之敗，也是如此。《宋史》載：

潘美等既敗於飛狐，副將楊業引兵護雲、應、寰、朔四州吏民內移。時耶律斜軫已陷寰州，兵勢甚盛，楊業遇之，欲領兵出大石路，直入石碣谷，以避其鋒。護軍王侁等以為畏懦，欲從北川中而往，業不可。侁曰：「君侯素號無敵，今逗撓不戰，得非有他計乎？」業曰：「業非畏死，蓋時有未利，徒殺士卒而功不立。今諸君責業以不死，當為諸公先。」乃引兵趨朔州。將行泣謂潘美曰：「此行必不利……」因指陳家口曰：「諸君幸於此張步兵強弩以相援也。業轉戰當至此，可夾擊之。不然無遺類矣！」

真正的名將，必須知己知彼，不能一味硬拚。像王侁的談論，只是以國事為兒戲。後來王侁等陣於谷口，因久不見楊業歸來，以為契丹兵已敗退，欲爭其功，即領兵離谷口，美不能制。《宋史》載：

自午至暮，業轉戰至谷口，望見無人，大痛，再率麾下力戰，士卒殆盡，被擒，其子延玉死焉。業太息曰：「上遇我厚，期討賊捍邊以報，而反為奸臣所迫，致王師敗績，何求活也。」乃不食三日而死。

這是一段很感動人的事，後來民間之所以有「楊家將」故事的流傳，蓋與同情他的遭遇有關。又太祖時名將郭進，亦為護軍田欽祚逼迫自縊死，其遭遇與楊業同。《宋史》載：太祖使郭進扼守西山十餘年，遼漢均不敢南下，使宋廷無北顧憂。太宗伐北漢時，遼將耶律沙帥兵往救，郭進大敗之於白馬嶺。以這樣的名將，竟被「恣為奸利」的護軍凌辱至自縊，而以中風上聞。史稱「左右皆知，無敢言者。」這是多麼摧喪士氣的事！不知宋太宗何以非用這類小人當護軍不可？是對太祖的舊將不放心？還是別有內幕的原因？則不得而知了。總之不信任將帥至太宗時始形成，護軍之設，使主將事權不專，名將受屈而死，亦頗有自毀長城之譏，兵勢焉得不弱？

楊業子延昭（初名延朗），後來也成為名將，勇略器識均出眾。咸平二年冬，契丹主隆緒大舉入寇。宋將康保裔與戰敗死，契丹乘勝攻遂城，守將楊延昭集眾登陴固守，並以水澆城，城牆結冰，堅滑不能登，契丹兵乃引去。這是延昭初露頭角。當時延昭雖是小將，但大臣錢若水已上疏真宗盛加推許，請不次擢用。這是宋初文武內外呼應關照的景象。澶淵之盟以前，契丹又大舉南侵，楊延昭時守廣信軍，最近虜境，敵人圍攻，百戰不能下，及賊退出境，而延昭追躡轉戰，未嘗失敗，故時人目之為銅牆鐵壁。宋遼和後，朝廷以延昭知保州，在邊二十餘年，契丹憚之，號為「楊六郎」。楊延昭最出眾的表現，是他於遼人南侵時上書請邀擊遼軍，並欲為國家收復燕雲十六州，朝廷均未敢採行，這在當時真算是空谷足音了。

㈢狄青

宋代諸帝用人，惟仁宗最似太祖，善於用人才，亦善於保養人才。武將狄青，生逢其會，得成功業。青汾州西河人（今陝西），從軍防夏，所向有功。《宋史》本傳説他：「臨敵被髮帶銅面具，出入賊中皆披靡，莫敢當。」經略尹洙見而奇之，荐於經略使韓琦、范仲淹，曰「此良將材也！」二人一見奇之，待遇甚厚，仲淹以左氏春秋授之曰：「將不知古今，匹夫勇爾！」青乃折節讀書，悉通秦漢以來將帥兵法，由是益知名。從以上這一段記載，可見仁宗朝臣內外合作愛才之器度，與南渡以後文臣嫉懼武臣，武將亦互相嫉忌的風氣大不相同。青後來積功擢為秦州刺使，涇原路招討副使。仁宗慕其名，召見問方略，又任為殿前都虞侯，馬軍副都指揮使。一朝親貴，而出身行伍，面上當年刺軍的烙印猶存，仁宗命他以藥除字。青曰：「陛下以功擢臣，不問門第……臣願留以勸軍中……」

狄青最大的功勞，是平廣西蠻人儂智高之亂。他這次出征遠方，以大將之威，斬不聽命的邊將三十人以統一軍令，並拒絕交趾的援兵，不使外人輕視中國。初時按兵不動，以怠敵師，而忽於一晝夜間進軍崑崙關，出敵不意，縱騎兵左右擊之，大獲全勝。歸來仁宗以為樞密使，任職四年。在宋代重文之世，出身行伍而位至樞密使相者實不多見，故青每出，士卒輒指目以為榮耀。

二、南渡時諸將

高宗南渡前後，為宋代將才最盛之時，張溥謂：「時名將如雲，雖偏裨亦皆虎臣。」韓岳等大將前已言之。張俊、劉光世雖亦係大將，但光世不善統馭，張俊雖善戰，而心術不正，後與秦檜同謀陷害岳飛，實為民族罪人，雖有戰功，亦不足論。堪補述者，守蜀之二吳，順昌敗兀朮之劉錡與釆石敗金主亮之儒將虞允文四人。

㈠吳玠吳璘兄弟

明張溥曰：「張浚為將，開誠善任，疑非其長，而世稱知人者，以保蜀功高，能得吳玠兄弟力也。」玠善騎射，有志節，弟璘從戰，累立功，劉子羽介紹與宣撫使張浚，始委以兵政，浚富平敗後，玠璘收拾散亡，誓師堅守，一捷於和尚原，再捷於仙人關。」尤以和尚原一戰最為壯烈，《宋史紀事本末》載：「金人自起海角，習於常勝，及與玠戰，輒敗。憤甚，謀必取玠。於是兀朮會諸帥兵十餘萬，造浮梁跨渭，自寶雞結連珠營，壘石為城，夾澗與官軍相距，進攻和尚原。玠與璘選勁弩，命諸將分番迭射，矢連發不絕，繁如雨注。敵稍卻，則以奇兵旁擊，絕其糧道。度其困且走，設伏以待之，敵至伏發，金兵大亂。玠因夜擊，大敗之，兀朮中二流矢，僅以身免……」從這一段記載，已可看出吳玠吳璘之善於用兵。《宋史》並記玠在和尚原時，與朝廷隔絕，人心浮動，玠乃召諸將歃血為盟，勉以忠義，眾皆感泣。可知吳玠吳璘兄弟不僅善戰，亦有氣節。吳玠兄弟隴干人。兄弟二人後來都官至四川宣撫使。陸放翁劍南詩集謂四川富庶，處大亂之世，數十年未遭兵災，皆吳氏兄弟捍禦之力也。

(二)劉錡與虞允文

宋紹興十一年，金兀朮敗盟南侵，劉錡敗之於順昌（今安徽阜陽）。《宋史》載，錡本奉命為東京留守，率所部「八字軍」三萬七千，及殿前卒三千，自臨安泝江絕淮而北。途中聞金人敗盟南下，錡乃與將佐捨舟陸行，先趨三百里至順昌，問知府陳規曰：「城中有糧否？」規曰：「有米數萬斛。」錡曰：「可矣。」一時諸將多欲退往江南。錡曰：「吾本赴官留司，今幸全軍至此，有城不守，奈何棄之？吾志已決，敢言去者斬。」這正是主帥定謀之時，當時劉錡如亦膽怯，接受諸將以兵保護家眷撤退的建議，則行軍遲緩，可能被金兵追及掩襲潰敗。繫年要錄載：「時守備一無可恃，錡於城上躬自督厲……取車及民户扉周匝蔽之，城外民數千家悉焚之，凡六日，而游騎已至城下……」

劉錡這次作戰，是攻守並用。金兵雖圍城，錡仍派兵夜襲金營，殺傷甚眾。後金將龍虎大王等大軍薄城下，錡令開諸門，敵不敢近。錡又於城外作牆，金人縱矢，皆自牆端著城上，不能傷人，而宋兵則以強弩自城上射敵，無不中者。金兵退後以步兵邀擊，溺河死者不可勝計。錡又遣驍將閻充夜襲金營，是夜天欲雨，電光四射，見辮者輒殲之，金兵退十五里。劉錡真會作戰，以少勝眾，已至化境。最有趣的一戰是劉錡命一百個敢死之士，每人以竹作一口哨，利用雨夜，直犯金營，電光一閃，皆起奮擊。電光止，則匿不動，敵眾乃大亂。百人聞哨聲即聚，金人益不能測，終夜自戰。這真是神出鬼沒的戰法。後兀朮自汴親率大軍至，錡以逸待勞，並於潁水上流放毒，天大暑，金軍飲水多病。俟午後敵軍疲乏，錡忽開城以數千人直犯兀朮軍，戒令勿喊，但以銳斧犯之。敵大敗，是夕大雨，平地水深尺餘，明日兀朮遁去，錡遣兵追之，金兵死者數萬人。

從這次戰役中，可看出將帥的重要，如無良將決策定計，指揮得宜，雖有強兵亦不能盡其用。以劉錡這樣的名將，後來也遭高宗之忌與秦檜之傾陷，把他的兵權削去，貶到湖北作地方官，無怪論者謂此舉為「快敵人之憤，隕先帝之業，桀紂亡身，未有愚於此者也！」後來金主亮南侵，時宿將多已物故，只錡尚在，高宗乃又用之為「江淮浙西制置使」，與儒將虞允文合力抗敵。錡屯揚州，金人不敢犯。允文至采石，金主亮已在西岸，允文乃收拾散卒，勉以忠義，命列大陣，分戈船為五隊。金兵渡江，宋兵殊死戰，中流宋軍水師，亦以海鰌船衝敵船，皆沉，金兵遂潰。劉錡這次東山再起，與允文合作，一北，一南，共拒金兵，又為宋朝挽救一次危難。

三、晚期諸將

宋代的忠臣義士，愈到晚年愈多，計金亡後宋與蒙古作戰又支持了四十四年。這時臨安朝廷在賈似道、陳宜中等主持下，主弱臣逸，已有油盡燈枯之勢。而蒙古時方混一歐亞，全力來侵，宋之所以尚能支持數十年者，皆前方守臣與諸將之力。如宋理宗時蒙古攻四川，知州高稼死守沔州，統制曹友仁大戰於陽平關，及以後制置使陳隆之固守成都，雖皆敗亡，然甚壯烈。理宗嘉熙元年，蒙古攻淮西，圍安豐，杜景堅守，呂文德突圍入城救之，敵乃卻走。次年又圍廬州，又為杜景所敗。四年蒙古圍壽春，呂文德率軍禦之，六月呂文德再敗蒙古於五河，這都是一時名將。而更重要的人物，則為孟珙、余玠、王堅及冉氏兄弟等人。蓋南宋自孝宗以後，不再向金人稱臣；理學盛行，忠孝之道日著；士氣再振，故奇人輩出，能力敵強國。張世傑、陸秀夫等且戰至最後一兵一卒，寧死不屈。若以南宋末年之國力與徽宗時相較，相去甚遠。以混一歐亞之蒙古與金人相較，則前者為勝。然金人南牧，北宋土崩瓦解；蒙古南侵，南宋抗戰數十年。士氣有無之故也。茲將孟珙等的事蹟略述於後。

㈠孟珙父子

孟珙與其父宗正，前後守荊襄數十年，猶如三國時東吳之有陸遜、陸抗，是支持危局的人物。

《宋史》稱「孟宗正絳州人（今山西絳縣），知棗陽軍，屢敗金人，幼豪偉有膽略，好賢樂善，賞罰必信。死之日，邊城為罷市痛哭……」是知孟珙的父親已不平凡。孟珙繼其父領軍，理宗端平元年，奉命與蒙古連兵滅金，合圍蔡州，珙揮軍血戰，首先入城，滅金，報復了百年國恥。後來蒙古南侵，四川湖北各地相繼淪陷，孟珙奉命於危難之際，於理宗嘉熙三年三月，與蒙古大戰，三戰皆捷，遂克復襄陽、樊城、信陽等地。時四川已大部淪陷，蒙古軍號八十萬，將由川黔侵入兩湖。孟珙與其兄璟弟瑛堅守川鄂交界之水陸線，增置營砦，分布戰艦，遂大敗蒙古兵於歸州大埡砦，又大捷於巴東，遂克復夔州。於是朝廷以孟珙為四川制置使，珙遂興屯田，練新軍，與蒙古作持久戰。嘉熙四年蒙古軍又轉攻襄樊，乃又以孟珙知江陵府。珙登城嘆曰：「江陵所恃者三海（湖泊），今沮汝變為桑田，敵一鳴鞭，即至城下。」乃征民工修渠，引江漢之水為湖以禦敵，史稱：「三百里間，渺然巨浸，土木之工百千萬，民不知役，乃繪圖上之朝廷。」自來名將不僅能用兵，且善治民，講屯田，使前方足食足兵。以當時危弱之情勢，孟珙力抗空前之強敵，坐鎮荊襄者十餘年，使蒙古軍不能越雷池一步，真豪傑之士也！雖韓岳豈能遠過？《宋史》載：「珙知江陵府，疾革致仕……為人忠君體國，可貫金石；平居接物，一以恩義撫待。惟臨將吏，色懍然，無敢唾涕者；退則掃地焚香，隱几危坐，蕭然事外；通易經與佛學，為將帥中之少有者。」是孟珙頗有諸葛武侯寧靜致遠之風，應推為宋代第一良將。宋理宗能始終任用之，亦較高宗與韓岳之有始無終為勝。

㈡趙葵余玠與冉璡冉璞兄弟

宋末另一奇人則為守蜀之余玠。此人最大長處，是能力矯當時的不良積習，以非常的方法去說服人主，延攬人才，推行事務。故終能在淮東與四川建立抗元的基礎，對以後的戰事影響極大。而他本人，卻因小人進讒，受到挫折而死了。所謂「謀其利不計其功。」正余玠之謂。《宋史》載：「余玠少為白鹿洞諸生。」是受過朱夫子薰陶的人。他因少年使氣，殺人亡命，寄跡襄淮。淮東制置使趙葵見而奇之，留置幕府，使率舟師泝淮抵汴，所向有功，後累功官至淮東制置副使。這位趙葵，即是曾帥師收復三京的人物。他能不次提拔余玠與呂文德於寒微之中，為國家得人，也是一位豪傑之士。後余玠入見，謂理宗曰：「願陛下視文武之士為一，勿令偏有所重，偏則必至於激，文武交激，非國之福。」「文武交激」，真是一語說出宋代的積弊。帝曰：「卿人物議論，皆不尋常，可獨當一面。」乃受四川制置使，知重慶府，這是理宗淳祐三年的事。時蒙古入侵，四川殘破，各地監司戎帥又不聽號令，蕩無紀律，蜀已名存實亡。余玠至重慶，用非常方法以求人才，築招賢館於府左，供張一如帥府。下令曰：「集眾思，廣眾議，諸葛孔明所以治蜀也……豪傑之士，趨期立事，此其時矣！」史稱余玠「少家貧落魄，好大言，喜功名，嘗作長短句（填詞）。」就因為他本人是一個風塵奇士，所以他才深知奇才多在民間。處危亡之際，非求新人奇士不足以挽救，那些肉食匹夫與正途出身的官吏不足以當此大任。於是隱居播州（今貴州遵義）蠻夷中的冉璡冉璞兄弟，應召出來為他移合川城，築釣魚山，使西蜀能夠固守。《宋史紀事本末》載：

> 播州冉璡冉璞兄弟有文武才，隱居蠻中，前後蜀帥辟召皆不至。聞玠賢，兄弟相率來謁。……居數月，無所言，玠乃更闢別館以處之，且使人窺其所為。兄弟終日不言，惟對踞，畫地為山川城池之形，起則漫去。如是又旬餘，請見玠。屏人曰：「為今日西蜀之計，其在徙合州城乎？」玠不覺躍起曰：「此玠志也！但未得其所耳。」曰：「蜀口形勝之地，莫若釣魚山，請徙城於此，若任得其人，積粟以守之，勝十萬師……」

這事牽連頗大，故余玠不與眾議，密奏朝廷，請不次任用冉氏兄弟，俾以築釣魚山要塞及移合川城的責任。史載移城命下，一府皆喧然以為不可。玠怒曰：「城成則蜀賴以安，不成玠獨坐之，諸君無預也。」卒築青居，大獲，釣魚，雲頂，天生凡十餘城，皆因山為壘，碁布星分。為諸郡治所……於是屯兵聚糧，為必守之計，民始有安土之心……

這座釣魚城就是後來在名將王堅、張珏的堅守之下，與元兵鏖戰二十餘年，元兵屢攻不能下，元大將汪德臣及元憲宗本人均因攻城受傷致死。且直至宋亡，釣魚城仍屹立不動，成為宋朝最後的堡壘。

余玠治蜀十年，治兵，理財，修學，養士，寬民，薄征，蜀乃富實。且曾於淳祐十年冬，出師北伐，直擣興元（今漢中）。有「挈故地還天子」之壯語。後因擅殺利州都統王夔，又因欲撤換戎州帥姚世安，為宰相謝方叔所讒，朝命召還，暴卒。明張溥評曰：「賈似道鄂州之役，匿和稱功，務以威籠將帥，趙葵、史嚴之等皆坐罪罷官，遂殺向士壁、曹世雄，廢高達。激劉整叛走。而蒙古入宋，視謝方叔之妒余玠，若作俑焉。然孟珙卒，則宋無京湖，余玠卒，宋無巴蜀。淳寶之際，亡形已成，何必伯顏入臨安，而後痛哭哉！」

整個宋朝的國事，在神宗變法以後，大多誤於奸相。而所以能偏安江左，支持百餘年者，又多賴前方將士之力。思之實令人為之扼腕不平！然蒙古人當時在歐亞大陸上所向無敵，只宋兵與之搏戰數十年，且屢殺其帝王將帥。後來明祖一憤，驅之塞外，可見中國是不能以武力征服的。

文天祥與正氣歌

宋朝一代，奇人奇事層出不窮。即以國勢而論，徽宗為一文弱之主，信用蔡京，誤國敗政；但其連金滅遼，雖兵勢不振，終於一度以金帛收回燕雲十六州，完成祖宗收復國土之願。金為宋仇；高宗忍恥事之，理宗連蒙古滅金，名將孟珙首先攻入蔡州，雪報九世之恥。後又用趙范趙葵出兵收復三京（汴京、歸德、洛陽），雖未能長期保守，然其勢亦不在晉代桓温北伐之下。其餘如余玠守蜀，名將孟珙守江淮，王堅守釣魚山，與新興之蒙古前後鏖戰數十年，此皆宋代養士之效果，吾人不可只見其失敗，而不見其成功。及至臨安末年，油盡燈枯，舉族北遷，國用以亡。然南天三烈士文天祥、陸秀夫、張世傑又與陳宜中立端宗於福州，端宗崩，陸秀夫又立宋帝昺以繼之，直戰至最後一兵一卒，寧死不屈。最後張世傑戰死，陸秀夫負宋帝投海，文天祥被俘不屈，連老太妃楊氏亦投海死，這些事跡，真堪稱為民族正氣了。《宋史・世傑傳》謂元將張弘範曾三次派人招降，世傑歷數古忠臣曰：「吾知降生且富貴，但為宋死不移耳。」陸秀夫則於端宗死後群臣皆欲散去之際，獨曰：「古人有以一旅一成中興者，今百官有司皆在，士卒數萬，天若未欲絕宋，此豈不可為國邪？」乃與眾共立宋帝昺，是皆知其不可為而為之。這些人的用心行事，是不能以實際利害來解釋的。文天祥的《正氣歌》，正是為自岳飛以來宋代前後百數十年那些支持危局人物的精神寫照。可惜宋自變法後中樞困於庸君奸相（如蔡京、秦檜、史彌遠、賈似道輩），使這些英雄義士不能有大的成功。然南宋之得以立國及金亡後宋朝又支持了四十四年，則都是這些人的力量。按《宋史．忠義傳》所載人物很多，本傳有一百三十七人，附傳一〇一人，連同其他傳記中者，共二七四人。比唐書忠義人物多出五倍。宋亡後又有「昭忠錄」，列南宋忠義之士一百三十人，中多《宋史》所無，可見宋朝忠臣義士之多。由此可知文信公（天祥）的《正氣歌》，不是憑空而發，他表達了這些忠義之士內心的信念。

古人謂有非常之事，必有非常之人。《宋史》本傳謂文信公「年二十舉進士，對策集英殿。時理宗在位久，政理浸怠，天祥以法天不息為對，其言萬餘，不為稿，一揮而成，帝親擢第一。」考官王應麟奏曰：「是卷仁義若龜鑑，忠肝如鐵石，臣敢為得人賀。」這篇對策，我們今日在文信公集中還可讀到，其內容之深厚，議論之宏肆，蓋已融宋代理學與政事於一體。以一個二十歲的青年，有此理解力與悟性，在今天來看，幾乎是不可能的事；至其文章的蘊藉，條理之分明，更是餘事。這不是非常之人怎能如此！

宋代的學問，是把治國平天下及人倫的大道再向上推一層，建立了天人合一的理論。認為一切全體大用都是本體的流現，文天祥考進士的「御試策一道」的題即問曰：

蓋聞道之大源出於天，超乎無極太極之妙，而實不離乎日用事物之常；根乎陰陽五行之賾，而實不外乎仁義禮智剛柔善惡之際。天以澄著，地以靜謐，人極以昭明，何莫由斯道也。……

文天祥的對策中有云：「臣等鼓舞於鳶飛魚躍之天，皆道體流行之一物……」又云：「臣請泝太極動靜之根，推聖神功化之驗……」「臣聞天地與道同一不息，聖人之心與天地同一不息，上下四方之宇，古往今來之宙，其間百千萬變之消息盈虛。百千萬變之轉移開闔，何莫非道……」這就是他的《正氣歌》中的頭兩句，「天地有正氣，雜然賦流形」的來源。他在對策中亦論及用兵與理財，大意以節省靡費，使財賦專用於兵備，則不虞匱乏。更有論人才的一段云：「悠悠風塵，靡靡婾俗，清芬消歇，濁滓橫流……厚今之人才，臣以為變今之士習而後可也……」又說：「今父兄之所教詔，師友之所講明，利己而已矣。其能卓然自拔於流俗者，幾何人哉？心術既壞於未仕之前，則氣節可想於既仕之後……」從這些地方，已可看出文天祥一開始即有自拔於流俗的抱負。總之他這篇對策對其一生言行關係甚大，又被理宗親擢進士第一，考官大儒王應麟大加讚揚，使其名滿天下。感激朝廷的知遇之隆，惟有奮起救亡，義無反顧。他在贛州起兵勤王，鎮江脱身再起，及至大廈將傾，一木難支，則只好以身殉國了。忠臣義士，也是情勢造成的。以文天祥的奇才、奇遇遂能作為宋朝文人一個光輝的殿軍。以他悟道之深，故能感到自己的人格與天地日月山川同其永恆與偉大。《正氣歌》中之「於人曰浩然，沛乎塞蒼冥。」即是此種境界。又曰：「皇路當清夷，含和吐明廷。」這是追念歷代盛世的大臣風範。「時窮節乃見，一一垂丹青。」則是追懷古代臨危受命的節烈之士，於是他慨然唸出：

是氣所旁薄，凜烈萬古存，當其貫日月，生死安足論！

人生到此，已至大澈大悟的境界，豈只「生死安足論」，以文信公當時的情形與處境來説，已是生不如死。《正氣歌》末段又云：「顧此耿耿在，仰視浮雲白。悠悠我心憂，蒼天何有極。哲人日已遠，典型在夙昔，風簷展書讀，古道照顏色。」他已與古代的忠義之士精神相通而融為一體了。

元劉岳申《文丞相傳》云：上（元世祖忽必烈）自開平還大興，問南北宰相孰賢，群臣皆曰：「南人無如文天祥」，上將大任之。王積翁、謝昌元相率以書諭上意。天祥復書云：「諸君義同鮑叔，而天祥事異管仲（意指元帝非中夏之族）。管仲不死，而功名顯於天下；天祥不死，而盡棄其平生，遺臭於萬年，將焉用之？」文公將其當時的處境，認識得非常清楚。如意志稍一猶豫，則將成為千古遺恨了。

宋鄧光荐《文丞相傳》載：至元壬午十二月八日，上召天祥入殿中，天祥長揖不拜……上使諭之，其略曰：「汝在此久，如能改心易慮，當令汝中書省一處坐。」天祥對曰：「天祥受宋三帝厚恩，號稱狀元宰相，今降非所願也。」上曰：「汝何所願？」天祥曰：「願一死足矣。」又劉岳申《文丞相傳》載，元世祖至元十九年十二月九日，元人殺文天祥。「天祥將出獄，即為絕筆自贊，繫之衣帶間，過市，揚揚面色不變，觀者如堵，公問市人孰為南北？乃南面再拜就死。見者聞者，無不流涕。」其絕筆云：「孔曰成仁，孟曰取義，唯其義盡，所以仁至。讀聖賢書，所學何事？而今而後，吾知勉矣！」死有重於泰山，有輕如鴻毛，文信公之死，可以說於無可奈何的失敗之後，為中國人爭人格。真是「是氣所旁薄，凜烈萬古存」了！

宋代多賢后

司馬温公云：「唐原出於夷狄，故宮闈穢亂多女禍。」其實何止唐代，西漢的宮闈也夠亂的。東漢雖無宮闈之亂，卻有外戚之禍。惟宋代與漢唐不同，宮禁肅然，賢后輩出；這是宋朝一大特點，為前後各朝所不及。如初年之杜太后（太祖之母），真宗之劉太后，仁宗之曹皇后，英宗之高皇后（宣仁太后），神宗之向太后，皆有功於社稷，其識見之高遠，處事之明快，有當時君主所不能及者。故後世史家於劉后有「帝王大度」之譽，於高后有「女中堯舜」之稱。哲宗因違高后元祐之政事而宋政再敗；徽宗因違向太后建中靖國之政而北宋亡。明張溥曰：「自古慮國家者患女主，而宋之亂反無女主之故，又世運一變也。」

宋太祖的母親杜太后，宋史讚他「實生太祖太宗，內助之賢母範也。」又說他「性嚴毅，有禮法。」宋代宮闈肅穆之風，可能與這位老祖母有關。

杜太后平生大事，無過於他遺囑太祖傳位其弟太宗的。說是「能立長君，國之福也。」然綜覽宋史各傳有關文字，知傳位於太宗，宋太祖自己也早有此意。蓋宋太宗為人少年英發，文武兼資；自幼即喜讀書、藏書，是宋太祖認為能完成統一中國，振興文教雙重使命最可靠的繼承人。宋太祖的取天下，與一般群雄的創業打江山，不盡相同。他的胸中早有一套安天下的計畫，這計畫最重要的部分，就是振興文教。所以他把朝廷正殿定名為「文德殿」，尊禮士大夫，敬重讀書人，開科取士，一意要把大宋建成一個文物之邦。這也許因為中國文化發展到那時已有深厚的積蓄，所以宋太祖有此「覺醒」與「抱負」。這抱負不是普通繼承人所能完成的，所謂「禮樂之興，非百年而後可。」宋太宗繼承這一移風易俗的事業尚合宜，故宋太祖終於傳位給他。但太宗也只完成振興文教這一使命，收復燕雲，則未達成。

太祖、太宗兩朝均無長后，皇子德昭的母親賀后，在宋太祖稱帝前即已去世。太祖死時，他繼娶的宋后年方二十四，太宗即位後，稱之為開寶皇后。宋太宗前妻也早逝，繼位以後立的李后，還是宋太祖為他聘的。太宗初即位時，李后尚待年家中，太平興國三年始入宮，年十九。史稱他「性恭儉莊肅，撫育諸子及嬪御甚厚。」真宗的生母李賢妃，也是宋太祖為其弟聘的，因為李妃「有德容」，真宗即位後，尊為皇太后。從此二事亦可見宋太祖對其弟的關心與愛護，早已視之為繼承人。

眞宗的劉皇后，是宋代有名的賢能人物，劉后華陽（今成都）人，出身微賤，宋史稱他「少孤苦，養於外家，善播鼓。蜀人龔美以鍛銀為業，攜至京師。年十五，進入襄王府邸（真宗初封襄王）。」這樣看來，劉后少年時已流為歌女藝妓之類的人物，故入襄邸後，襄王的乳母即報告太宗，令王斥去。襄王不忍逐，乃藏於王宮指揮使張耆的家中。真宗立，入為美人，後封為妃。郭皇后死，帝欲立劉妃為后，大臣李迪等以為不可，帝終立之。因無宗族，乃以龔美為兄，改姓劉氏。

《宋史．劉后傳》讚云：「仁宗即位年少，太后稱制，雖政出宮闈，而號令嚴明，恩威加天下，左右近習，亦少假借。」宋代的君主，真宗以來，作風均嫌太寬柔。真宗晚年迷信天書，崇尚神道，尤少威嚴。也幸劉后這位剛強女性振作一番。《宋史》載，真宗病中，劉后為抵制寇準、李迪等曾一度信任丁謂、錢維演及內侍雷允恭，一時情勢洶洶，有危及太子之勢。執政王曾告維演曰：「太子幼，非中宮不能立；中宮非倚太子則人心不附。太子安，則劉氏安矣。」維演將此意轉奏，后即採納，加意維護仁宗。後來因雷允恭擅移真宗陵寢，劉后即毅然誅允恭，貶丁謂於海南。蓋劉后早已知丁謂、雷允恭為奸巧人物，故趁此機會除之，這正是劉后英明果斷的地方。

宋史稱劉后有帝王大度，可於以下數事見之：

初真宗欲立劉氏為皇后，宰相李迪諫曰：「劉氏出身微賤，不足以母天下。」劉后深銜之。後來劉太后垂簾聽政，李迪知河南府來朝。太后語迪曰：「卿向不欲吾預國事，殆過矣！今日吾保養天子至此，卿以為如何？」迪對曰：「臣受先帝厚恩，今見天子聖明，臣不知皇太后聖德乃至於此。」太后亦喜。宋代君臣間的應對風度，有為歷代所不及者，此蓋與宋太祖之尊禮大臣有關。所謂「君待臣以禮，臣事君以忠。」宋代在章惇、蔡京等用事前已至此境界。而一位女后能如此，尤為可貴。

又劉后無子，仁宗本為宮人李氏所生，太后撫為己子。這事若在漢唐，必然加害李氏以滅口，但劉后當權後反使人訪求李氏親屬，補以官職。李氏亦終身默然處諸宮人中，未嘗以生帝而自異，年四十六卒。劉后初欲以宮人禮葬李氏於外，宰相呂夷簡曰：「太后如為劉氏，則喪禮宜從厚。」后悟，進封李氏為宸妃，治喪用一品禮，殯洪福院，並以水銀實棺。《宋史》本傳謂太后性警悟，曉書史，觀其勇於接受大臣建言，即非一般女后可比。又《宋史》載劉太后常與帝同幸慈孝寺，后欲乘輦先行，魯宗道以夫死從子之說爭之，后即命輦後乘輿。後來新進的小臣范仲淹上書請太后還政與仁宗，太后雖未採納，但亦未聞加罪。這些地方確不愧「帝王大度」之譽，至其斥三司使程琳獻武后臨朝圖，責漕使劉綽獻餘糧以求寵，則更屬賢明之舉了。

然在宋代的母后中，劉后仍是比較驕恣的一人。如太祖的「文德殿」，後來成為天子正衙，宣仁太后就謙虛，不敢在那裡朝見群臣。劉后則屢御文德殿受天子及群臣朝拜。他晚年謁太廟，「乘玉輅，服褘衣，九龍花釵冠，齋於廟，質明，服袞衣十章，冠儀天冠，前後垂珠翠十二旒，荐獻七室。」儼然女主的氣派。又他晚年頗進用外家，並寵信內官羅崇勳、江德等。然劉后的英明，於真宗迷信天書及久病之後主政，實有振作的功用。尤其他以天書為真宗殉葬，以了此事，後世史論家均認為得體。

宋代第二位賢后，是仁宗的曹皇后，他是宋初大將曹彬的孫女，做事仍有將門餘風。《宋史》載慶曆八年正月，宮廷衛卒數人作亂，夜越屋叩寢殿，這是突發的危急事件，但曹后卻能鎮靜應付。《宋史．曹后傳》載：

后方侍帝，聞變，遽起。帝欲出，后閉閣擁持，呼都知王守忠，使引兵入。賊傷宮嬪殿下，聲徹帝所，宦者以乳嫗責打小女為言，后叱曰：「賊在近殺人，敢妄言也。」后度賊又縱火，暗遣人攜水從其後，賊果舉火焚簾，水隨滅之。是夕遣宦侍，后皆親剪其髮，諭之曰：「明日行賞，以此為驗。」故爭盡死力，賊即擒滅。

這次叛亂，若非曹后指揮得宜，仁宗可能有生命危險。又《宋史》載時閣內妾與衛卒私通當誅，妾哀求幸姬向仁宗求免，姬言之，仁宗貸其死。曹后聞之，具衣冠見帝，請論如法，曰：不如是，無以肅清宮禁。帝命坐，后不可，立請誅卒。由此可見曹后的嚴厲。

仁宗無子，曹后請以濮王子養宮中，是為英宗，後仁宗暴疾崩逝，后悉斂諸門鑰置身前，召皇子入。及明宰相韓琦等至，奉英宗即位，尊曹后為皇太后。英宗有疾，太后暫聽政，御內東門小殿聽大臣奏事，有疑未決者，則曰公輩更議之。英宗疾癒，即撤簾還政。態度謙虛，又與劉后不同。

神宗立，用王安石變法，時曹后已尊為太皇太后，居慶壽宮，神宗事之甚恭謹。后每為帝言，祖宗法度不宜輕易改變。又謂「安石變亂舊章，怨之者眾，不若暫出之於外。」對變法的態度，曹后與宣仁太后（神宗母）的態度是一致的，又《曹后傳》載：

帝嘗有意於燕薊，已與大臣定議，乃詣慶壽宮白其事。后曰：「儲蓄賜予備乎？鎧仗士卒精乎？」帝曰：「固已辦之矣。」后曰：「事體至大，得之不過南面受賀而已。萬一不諧，則生靈所繫，未易言也！苟可取之，太祖、太宗收復久矣，何待今日。」帝曰：「敢不如教。」

以神宗時之兵力與人才，兩次伐夏都找不到將才，致不得不用宦者統兵，出師無功，第二次且大敗。若輕舉伐遼，後果實不堪設想。幸有曹太后這一勸。又同傳載：

蘇軾以詩得罪下御史獄，人以為必死。后病中聞之，謂帝曰：「嘗憶仁宗以制科得蘇軾兄弟，喜曰：『吾為子孫得兩宰相。』今聞軾作詩繫獄，得非仇人中傷之乎？……宜熟察之。」軾由是得免。

神宗自用王安石變法後，引用小人，朝中的風氣大變，致興文字獄，神宗對這些傾陷的罪名雖不全信，但對誣告的人也不治罪，遂使小人更無顧忌，政風乃更敗壞。至哲宗時章惇蔡京輩出而更不可收拾，這次蘇軾的得罪，雖《石林詩話》載「帝無深責意」，然宋代尊禮士大夫，輕易不把文臣下獄的，蘇軾此次竟下大理獄，情形也相當嚴重了！如無曹后囑託，神宗未必能不顧當時用事大臣的讒言而釋放蘇軾的。

宣仁太后，是宋英宗的皇后，姓高氏。他是神宗的母親，哲宗的祖母，在宋代諸后中最為賢慧，史稱「女中堯舜」。宣仁的母親，亦為曹彬的孫女，是仁宗曹皇后的姐姐，故宣仁做事，亦有曹后風範。

神宗變法，行之十七年，天下騷然，哲宗立，高后臨朝，起用司馬光、文彥博、呂公著等老成持重之臣，罷新法，省徭役，薄賦斂以與民休息，這是哲宗元祐年間的事，史稱元祐之治。

高后的長處，亦為明智識人，如其聽政後，蔡確獻諛，請復太后叔父高遵裕的官。后曰：「遵裕靈武之役，塗炭百萬，先帝中夜得報，起環榻行，徹旦不能寐；聖情自是驚悸，馴至大故。禍由遵裕起，得免刑誅，幸矣！先帝肉未冷，吾何敢顧私恩而違天下公議。」《宋史》載：蔡確聞此言，「悚慄而退」。因為這樣詞嚴義正的話，無異洞悉其用心。後來宣仁太后終於借故將蔡確貶到嶺南去了。

謂大臣曰：「今皇帝以子繼父，有何間言？而確自謂有定策之功；妄扇事端，計為異代眩惑地。吾不忍明言，姑託訕上為名逐之。」觀此知宣仁已洞察蔡確之奸，其明智識人，當機立斷之處，為神宗哲宗所不及。

宣仁太后聽政之後，力矯神宗之失，用人皆用老成忠厚者。初用司馬光為相，繼用呂大防、范純仁。《宋史》載，「大防為人樸厚戇直，不植黨羽。范純仁務以博大開上意，忠厚革士風。二人同心戮力，以相王室。太后亦傾心委之。」故元祐之治比隆嘉祐（仁宗年號），《呂大防傳》載其在「經筵」與哲宗講宋朝家法云：

自三代以來，惟本朝百二十年中外無事，蓋由祖宗所立家法最善。臣請舉其略。因舉「事親」，「事長」，「治內」，「待外戚」，「尚儉」，「勤身」，「尚禮」，「寬仁」等八法。且曰：「虛己納諫，不好畋獵，不尚玩好，此皆祖宗家法。所以致太平者，不須遠法前代，但盡行家法，足以治天下。」帝深然之。

神宗用王安石變法，認為祖宗法無一足取，此時又覺得祖宗法之可貴了。平心而論，後世史家，每因宋代武功不振，而忽視宋代的優點。其實宋代太平時期之長，禮樂文教之盛，有非前代所能及者。蓋朝廷大政，莫過於用人，如元祐年間，用司馬光為相，遼即飭邊將勿生事，謂「南朝相司馬矣！」遼使來，見文彥博立朝班中，年已八十餘，遼使為之改容致敬。宣仁太后親見仁宗朝人才之盛及神宗用人之失敗，故當政後盡去小人而進中正。於是風俗為之一振。《堯典》曰：「在知人，在安民。」宣仁已做到這兩項，「女中堯舜」之譽，可當之無愧。明張溥評曰：「任賢必先去邪，邪一去，賢未有不任者也。欲興利必先除害，害一去，利未有不興者也。其為政也簡，其操術也獨……千載極治，於宣仁僅見爾。」

哲宗的孟后，是一個遭遇不幸，身歷興亡的人物。宋哲宗性情執拗處，與神宗又不同。神宗一生所為，所失已多，但其流弊尚可挽救。哲宗在元祐更化之後，又聽信楊畏等人的話，起用章惇等紹述新法，盡斥正人於嶺海，並廢了皇后孟氏，另立品性不端的劉婕妤為后，甚至欲廢其祖母宣仁太后為庶人。朝廷政治及世道人心再經這次大破壞，遂致不可收拾了！這正如當時范祖禹所言：「天下事，豈堪小人再破壞邪？」又說：「今日乃國家隆替之本，安危之機……」不幸哲宗年幼意氣用事（朝臣的意氣之爭亦感染了君主），遂專任章惇輩來陷害元祐正人，雖自己的家人骨肉亦所不免，朝政乖戾至此，專對人不對事，國家焉得不敗！

孟后就是這一轉變時期的犧牲者。他本是宣仁太后與哲宗的母親向太后在百餘位世家閨秀中選出來的賢媛。立后時且特重其禮，動員了滿朝大臣參與其事。但哲宗親政後，竟因祠禱小事，將孟后廢為「華陽教主，玉清妙靜仙師，法名沖真，出居瑤華宮。」唐宋的制度，凡后妃被廢，多出為女道士，已成定例。計孟后之廢，有宮闈與政治兩個原因，而尤以政治的原因為要。

宮闈的原因，是因劉婕妤與后爭寵，劉婕妤出身微賤，本傳中亦未言其家世，只說「初為侍御（宮女），明艷冠後庭，且多才藝。」這位劉婕妤後來雖也立為皇后，但哲宗死後，他即以「不謹聞」，徽宗與大臣議欲廢之，「后為左右所逼，即簾鉤自縊而崩，年三十五。」寥寥數語，卻包含了許多隱情。宋宮中只此人有穢亂的記載。哲宗廢孟后立此人，則哲宗的為人亦可知了。《宋史·孟皇后傳》載：

> 劉婕妤有寵，紹聖三年，后朝景靈宮，訖事就坐，諸嬪御立侍，劉獨背立簾下，后閣中陳迎兒呵之，不顧。閣中皆忿忿。冬至日，會朝欽聖太后於隆祐宮，后御坐朱髹金飾，宮中之制，惟后得之。婕妤在他坐，有慍色。從者為易坐，與后等。眾弗能平。因傳唱曰：「皇太后出。」后起立，劉亦起。尋各復其所，或已撤婕妤坐，遂仆於地；懟不復朝，泣訴於帝。內侍郝隨謂婕妤曰：「毋以此戚戚，願為大家生子，此坐正當為婕妤有也。」

從這一段記載，可以看出劉婕妤恃寵驕縱的情形。這內侍郝隨，就是後來與宰相章惇勾結，造成祠禱之獄，以陷害孟后的人。按孟后被廢當時人物陳瓘即說：「致此之故蓋起因於元祐。」《宋史·

孟后傳》亦謂：「初章惇誣宣仁有廢立意，以后為宣仁太后所立，惇又陰附劉妃欲請建為后，遂與郝隨構成是獄，天子寃之。」這是此事的政治背景。蓋章惇蔡卞輩，因后為宣仁太后所立，恐其將來一旦得勢，復行元祐之政，故必欲去之而後甘心。朝臣新舊黨爭，竟牽連到皇帝家人骨肉，真到不可收拾的地步了！這固由於章惇等之鼓勵，然哲宗非君人之器，不能控制群臣，對舊臣尤有成見，遂甘受內外愚弄，被人利用而不自知。明代陳邦瞻評此事曰：「嗚呼，小人之愚其君，一至是哉！人情莫親於父子，莫昵於夫婦。李林甫用，而明皇不能有其子；蔡卞章惇之計行，而哲宗不能有其妻，哀哉！」

但天下事禍福都是互相因倚的，這位孟后由於被廢，汴京淪陷時，反而逃過了金兵的擄掠，蓋當時金人盡擄宋室皇族北去，但因孟后被廢居宮外得免。高宗即位，尊為隆祐太后，隨高宗南渡。杭州苗劉兵變，后曾一度垂簾聽政，頗盡了維持時局、保護高宗的責任。因此他遂與高宗趙構同成為宋室中興的人物。高宗奉之如母，晚景頗有些福分，比較與他爭位的劉婕妤，結果大不相同了。

與孟后同歷興亡流離之苦的還有高宗生母韋賢妃，汴京陷，他與徽宗同被金兵逼之北去。高宗立，尊為宣和皇后。後來徽宗崩於五國城，又尊為顯仁太后。高宗命何鑄、曹勛使金，與金人交涉迎回。《宋史》謂「太后聰明有智慮，金人許還徽宗梓宮，太后恐其反復，呼役者畢集，然後起攢。時方暑，金人憚行，太后慮有他變，乃陽稱疾須秋涼進發。已而稱貸於金使，得黃金三千兩，以犒其眾，由是途中無間言。」又稱「太后在北方，聞韓世忠名，次臨平，呼世忠至簾前慰勞。」太后歸臨安後，居慈寧宮，高宗侍太后甚孝，或至夜分未去。太后曰：「且休矣，聽朝宜早，恐妨萬機。」又嘗謂「兩宮給使，宜令通用，不然則有彼我之分，而佞人間言易入也。」觀此，知顯仁太后雖經擄掠北遷之苦，仍未失宋宮傳統風範。只可惜他未體會到復國雪恥的大義，他如能於徽宗死時以身殉國，則高宗或不至以他為向金人稱臣求和的藉口了罷？

高宗的吳皇后，也是一位賢后，初為宮人，宋史稱他有機謀，知書，好學。他與前面所述的顯仁太后，同是開封人。但《宋史》本傳中於吳后卻有一段神秘的記載。說后父吳近，嘗夢至一亭，匾曰「侍康」，傍植芍藥，獨放一花，殊妍麗可愛，花下白羊一。近寤而異之，後即生后。年十四，被選入宮，時高宗封為康王，人謂為「侍康」之徵。汴京陷，康王即位，后嘗戎服侍左右，可見吳后亦能武。後來與帝避金兵到四明，衛士謀變，入問帝所在，后紿之以免。史稱后至臨安，益博習書史，又善翰墨，進為婉儀，尋封貴妃，時高宗原配邢皇后被擄北去，吳貴妃已是事實上的皇后。及顯仁太后回來，高宗方知邢后已死，乃立吳貴妃為后。《宋史》本傳謂：顯仁太后性嚴肅，后身承起居，順適其意。嘗繪古列女圖置坐右為鑒，又取詩序之意匾其堂曰「志賢」。他同高宗生母顯仁太后都享高壽。顯仁壽八十，吳后年八十三。在《宋史．后妃傳》中以知書好學並善翰墨著稱的，只吳后一人。

此外宋代末年有兩位皇后也值得一述。一為理宗的謝皇后，《宋史》本傳說他生來皮膚很黑，一隻眼中有雲翳，後入宮病疹，愈後膚蛻瑩白如玉，醫又用藥治去目翳，遂立為后。元兵渡江，理宗欲遷都避之，后恐搖動民心乃諫止之。度宗即位尊為皇太后。度宗崩瀛國公即位，復尊為太皇太后，時年老且病，強起垂簾聽政，節省冗費，以給兵餉，貶賈似道，是臨安未陷前最後支持朝廷一人。時元兵南下京朝官聞難往往避匿遁去，太后命揭榜朝堂曰：

我國家三百年待士大夫不薄！吾與嗣君遭家多難，爾小大臣工不能出一策以救時艱，內則叛離官次，外則委印棄城，避難偷生，尚何人為？亦何以見先帝於地下乎？

蓋當時軍情緊急，太后臨朝，竟找不到朝臣，故太后有此榜文。這等於是替宋太祖發言，宋代尊禮士大夫，而臨危竟都棄國而去，真太不成話了！宋代的士大夫，政治至仁宗時最盛，自王安石出而風氣一變，安石自大，章惇欺君，蔡京糜爛，秦檜賣國，賈似道要君蒙蔽，真是每況愈下。宋代君主無負於士大夫，中葉以後士大夫的表現卻大有負於朝廷。然在臨安淪陷之後，宋代的流亡政府，卻於最後又出了張世傑、陸秀夫、文天祥三位忠義之士，他們戰至最後一兵一卒，陸秀夫負宋帝昺投海，寧死不屈。而帝昺的生母楊淑妃，也是宋朝最後的一位太后，聞帝死，亦赴海死。這幾位忠烈人物，為宋代增光不少，不知是否因為受了謝太后那篇文告的感召使然？

宋代人物與風氣／禚夢庵著. -- 二版. --臺北市：臺灣商務, 1996[民85]
面； 公分. --(新人人文庫；114)
ISBN 957-05-1306-3(平裝)

1.中國 - 傳記 - 宋(960-1270) 2.中國 - 歷史 - 宋(960-1270) - 論文, 講詞等

782.151 85005232

新人人文庫 114

宋代人物與風氣

定價新臺幣二〇〇元

著作者 禚夢庵
責任編輯 王林齡
封面設計 吳郁婷
校對者 吳東牧 鍾嘉惠
發行人 張連生
出版者 印刷所 臺灣商務印書館股份有限公司
臺北市重慶南路一段三十七號
電話：（〇二）三一一六一一八
傳真：（〇二）三七一〇二七四
郵政劃撥：〇〇〇〇一六五－一號
出版事業登記證：局版臺業字第〇八三六號

・一九七〇年十二月初版第一次印刷
・一九九六年八月二版第一次印刷

ISBN 957-05-1306-3（平裝） 32827001

會／教育／民俗／經濟／政治／法律／歷史／地理／文化／遊記／傳記／考古／語文／文學／新聞／美學／書畫／娛樂

國學／群經／哲學／邏輯／心理／倫理／宗教／神話／數學／天文／物理／化學／地質／動物／植物／家政／